高等院校"十三五"应用型规划教材

汽车营销策略

主编　张　杰

合肥工業大學出版社

目　　录

项目一　客户接待

通常情况下，客户对购买汽车的过程都有一个先入为主的负面想法，因此，营销人员周到、礼貌的接待将使客户感到满意、舒服，消除客户消极情绪，促进购买。

礼仪不仅代表营销顾问专业的个人形象，也影响经销商给客户留下的第一印象，甚至影响到汽车品牌给客户的第一印象。接待贯穿营销的整个流程，帮助营销顾问区分不同客户的需求，使其在与客户沟通时更加得心应手。如图 1－1 所示。

图 1－1

本项目共有四个任务，具体见表 1－1。通过教学使学生掌握客户接待中个人礼仪、接待洽谈礼仪电话接待礼仪与客户管理的知识和技能，了解来店客户的心理状态及其应对方法。

表 1－1

	项目一　客户接待	内容
1	任务一　汽车营销个人礼仪	仪容服饰；蹲姿；坐姿；站姿；走姿；表情；手势
2	任务二　展厅接待洽谈礼仪	迎送；问候寒暄；握手；自我介绍；递送名片；引导客户；文件资料递送；接洽会谈；积极倾听；临时离开；介绍产品；言谈举止
3	任务三　电话接待礼仪	电话接待流程与礼仪；电话接待的注意要点；角色演练

（续表）

	项目一　客户接待	内容
4	任务四　来店客户心理状态与应对	心理状态；应对方法；缓解客户紧张情绪；与客户建立互信关系
5	项目一考核	情境演练

任务 1-1　汽车营销个人礼仪

“礼”是一种道德规范，即尊重。

“仪”是向别人表示尊重的形式，即谈吐、神态、表情、待人接物之道等。

礼仪是一种交往的艺术，是一种非常重要的沟通技巧，同时也是个人内在修养的外在表现。

第一节　仪容服饰规范

【分组活动】

请选出图 1-2 中你认为适合营销顾问的发型，并说明原因。

图 1-2　发型

请选出图 1-3 中你认为适合营销顾问的服装，并说明原因。

图 1－3　服装

（1）男性

发型：

保持干净，梳理整齐，不染夸张发色，不宜过长或过短，前部头发不遮住眉毛，侧部头发不盖住耳朵，后部的头发不超过衣领上部。

制服：

工作时间穿着规定的标准制服，按气候选穿春秋装或夏装，大小合身，保持整洁、舒展、无皱褶。单排扣西装最下面的扣子永远不系，上衣外侧口袋不放东西。如图 1－4 所示。

图 1－4　男性制服

工牌：左侧胸部佩戴统一工牌，位置适中，保持干净，名字印得稍大些，便于阅读。

鞋袜：黑色正装皮鞋，鞋面保持光亮，着深色袜子。

面部修饰：每日剃须修面，保持干净，如接触烟、酒、蒜等带刺激性气味的物品，要注意保持口气清新。

衬衫：保持干净，每日熨烫，领口和袖口保持干净。

领带：颜色、款式与服装匹配，不宜过分华丽，打结处保持清洁，无变形，长度以挡住皮带头为宜。

手部：手和指甲保持洁净，不留长指甲，不藏污纳垢，工作中不允许戴戒指，避免刮伤漆面。

（2）女性

发型要求：保持干净，梳理整齐，刘海不要遮住眼睛，不披头散发，发型发色不宜夸张，不用华丽头饰。

鞋袜：黑色皮鞋，保持干净，鞋跟不能过高（低于5厘米）过细，夏季不穿露脚趾脚跟的凉鞋，着肉色袜子，避免穿短袜，袜面无破损。

工牌：左侧胸部佩戴统一工牌，位置适中，保持干净，名字印得稍大些，便于阅读。

制服：工作时间穿着规定的标准制服，按气候选穿春秋装或夏装，大小合身，保持整洁、舒展、无皱褶。单排扣西装最下面的扣子永远不系，上衣外侧口袋不放东西。

裤子和裙装：熨烫平整，定时换洗裤子不要放置过多东西而鼓起。

图1-5 女性制服

面部修饰：化淡妆，保持简约、素雅，不要在人前化妆或补妆。

领花：颜色款式与服装匹配，不宜过分华丽，打结处保持清洁，无变形。

衬衫：保持整洁，每日熨烫，领口和袖口保持干净。

手部：手和指甲保持洁净，不留过长指甲，选择透明的指甲油，工作中不允许戴戒指，避免刮伤漆面。

第二节 站姿、走姿、蹲姿、坐姿

（1）站姿

① 标准的站姿应该是：直立、头端、肩平、挺胸、收腹、梗颈。

② 避免垂头、垂下巴、含胸、松腹、耸肩、屈腿、抖腿、斜腰等不良站姿，如图1-6所示。

③ 男女站姿略有不同。

图1-6 错误的站姿

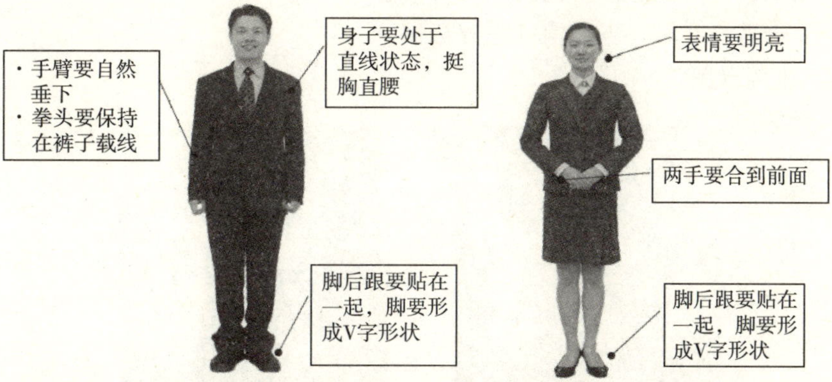

图 1－7　正确的站姿

（2）走姿

① 正确的走姿：轻而稳，胸腰要挺，头要抬，肩放松，双目平视，面带微笑，自然摆臂（手臂前后摆动幅度约在 45 度左右，切忌做左右摆动）

图 1－8　走姿

② 男性要步履雄健有力，以展现雄姿英发、英武刚健的阳刚之美。

③ 女性要步履轻捷优雅，步伐适中，不紧不慢，以展现温柔、矫健的阴柔之美。

④ 脚部着地与离地的顺序均为：脚跟、脚底、脚尖。

⑤ 膝盖方向始终向前方。

⑥ 左右脚平行成一直线移动。

⑦ 膝盖和脚踝都应保持轻松，忌“外八字”或“内八字”。

⑧ 遇急事可加快步伐，但不可慌张奔跑。

（3）蹲姿

图 1－9　蹲姿

① 当客户坐在展车内听取商品介绍的时候，为了表示对客户的尊敬，营销顾问应该讲究蹲姿。

② 下蹲时，左脚在前，左脚全脚掌着地，小腿基本垂直地面，右脚在后，右脚跟提起，脚前掌着地，双腿靠紧向下蹲，臀部向右脚跟蹲下。如图 1－9 所示。

③ 双腿合力支撑身躯，避免滑倒或摔倒，左右手各放于膝盖附近，挺直上身，抬头，目视前方。

④ 下蹲时的高度以双目保持与客户双目等高为佳。

⑤ 采取蹲姿时注意不要低头、弯背或翘臀部。

⑥ 女士着裙装时，下蹲前须整理裙摆。

(4) 坐姿（图 1－10）

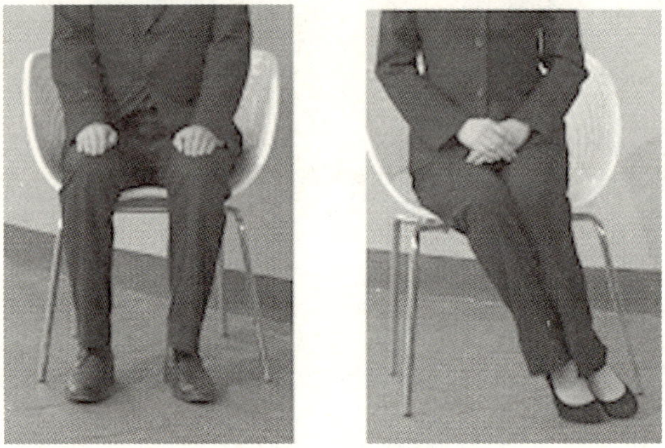

图 1－10 正确的坐姿

① 标准的坐姿：腰背挺直、手臂放松、双腿并拢、目视于人。

② 以行礼前的站姿站立在座椅前，向一侧后方回头看座椅边坐下。

③ 女性可用一只手向下顺势扫裙后边，一只手轻轻按裙前吊边，以免后面皱褶、前面抬起。

④ 入座的动作应大方自然，不应过快或过慢，过轻或过重。坐下后上半身应与桌子保持一个拳头左右的距离，坐满椅子的 2/3。

⑤ 入座后，身体重心垂直向下，腰部挺起，上体保持正直，头部保持平稳，双眼平视，下颌微收，双手自然放在膝头或者座椅扶手上，不要叉腰或交叉在胸前，腿脚不要抖动。

⑥ 记录时：双手自然交叉放于桌面，一手执笔，一手扶纸，经常与客户保持视线交流。

⑦ 起身：双手扶腿起身。

第三节 表情和手势

(1) 眼神与目光

① 视线高度平行于或略低于客户视线高度。

② 与客户交谈时，双眼视线落在对方鼻间，标准注视时间是交谈时间的 65%。

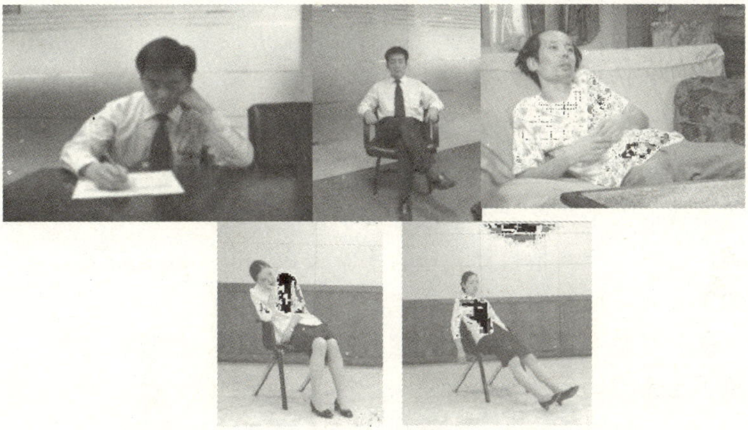

图 1－11　错误的坐姿

③ 恳请对方时，可以注视对方双眼，适时移动视线，如图 1－12 所示。

④ 客户在展车内时，为表示对客户的尊重，营销人员的视线尽量不要高于客户的视线。

⑤ 忌双眉紧锁、目光无神或不敢正视对方，如图 1－11 所示。

图 1－12　眼神与目光

（2）微笑

① 微笑是最常见的表情，可以真实地表达自己的热情和友善之意，打破僵局，产生感染力，以影响对方。

② 与客户交流时，保持自然微笑，以拉近与客户的距离。

③ 微笑应亲切真诚、自然适度，让客户真正体会到你的诚意与友善。

④ 微笑应发自内心，笑得得体，笑得适度，笑不出声，既不故意掩盖笑意，也不咧嘴哈哈大笑，微笑应区分场合和对象。

⑤ 自然的微笑：嘴角略向上翘，呈月牙形；上排的牙齿微露；视线自然直

视前方；英语“key”的发音。

⑥ 微笑适时配合得体手势，显得更加自然大方。

（3）手势

① 在向客户做介绍、与客户谈话、为客户引路、指示方向时运用手势，要求正规、得体、适度，手掌向上。

② 注意手势的大小幅度，手势应在胸前或右方进行，多用柔和曲线手势。

③ 谈到自己时，不要指自己，应将手掌按在胸口，以示斯文。

④ 谈到别人时，切忌用手指指点点。

④ 与人谈话时忌掏鼻子、剔牙、摆弄衣服或物件、抬腕看表。

⑤ 避免手足无措，手指发抖，搔头、摸脸、搓手。

小结：

对营销顾问来说，礼仪不仅代表营销顾问专业的个人形象，也影响经销商给客户留下的第一印象，甚至影响汽车品牌给客户的第一印象。

思考与习题：

1. 试述汽车营销顾问的站姿、走姿、蹲姿、坐姿。
2. 试述汽车营销顾问个人礼仪的重要性。

任务 1－2　展厅接待洽谈礼仪

一、迎送

值班营销顾问应随时注意有无客户到来，客户进入展厅的时候，应及时上前迎接，礼貌招呼。注意以下要点：

① 明确让客户感到“我是专门为您服务的”。

② 若雨天客户开车前来，营销人员应主动拿伞出门迎接客户。

③ 客户离开时，应感谢客户光临，并邀请客户再次来店。

④ 送别客户要送至停车场，帮助其打开车门。一手拉车门，一手挡住车门上框，以防客户磕碰，注意不要挡在客户进入车辆的路线上。

⑤ 微笑、挥手送别客户。

二、问候寒暄

寒暄是“破冰”的最好方法，可进一步拉近与客户的距离。

标准的问候语包括：您好!、欢迎光临、很高兴认识您。

为营造轻松愉快的谈话氛围，营销顾问可依据不同客户选择不同的寒暄话题，天气、时事新闻、文娱体育、客户行业状况等。

根据不同客户，调整自己的语音、语调、语速和交流方式。

图 1-13　握手

三、握手

握手应遵循“尊者优先”的原则，即应由客户先伸手。

握手的适当距离：45cm。适当的距离使客户不会感到紧张。

一定要用右手握手，握手时右臂自然向前伸出，与身体呈 50～60 度，手掌向左，掌心微微向上，拇指与手掌分开，其余四指自然并拢并略为内曲。掌心向上的目的是使客户的手掌在上，否则将使客户感到不尊敬和不舒服。如图 1-13 所示。

保持手部清洁、干燥、温暖，握手有力，但不宜过重或只是轻轻触碰，时间为 3～5 秒，上下稍许晃动两三次，随后松开手，恢复原状。

四、自我介绍

自我介绍的时候应言简意赅，态度应自然、友善、亲切、随和，语气要自然，语速要正常，语音要清晰。自我介绍的内容是说明本人姓名及担任的职务，如“您好，我是这里的营销顾问张彬，很高兴为您服务!”

五、递送名片

名片的作用：

① 初次见面的自我介绍。

② 让对方记住自己的方式。

③ 企业形象的宣传。

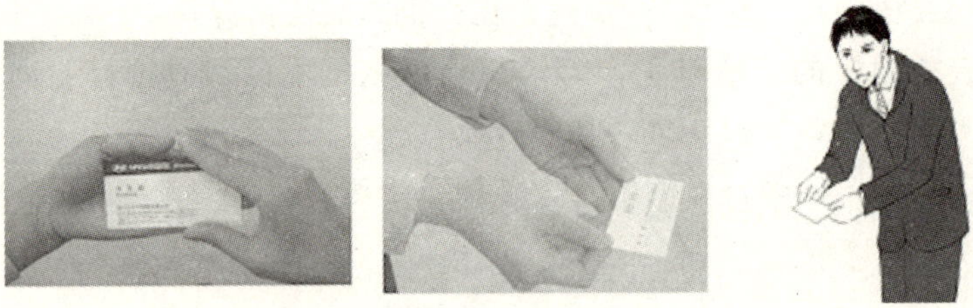

图 1-14　正确递名片

注意以下要点：

营销人员随身携带名片，保持名片平整，名片应存放在上衣口袋，最好使用名片夹，切忌将名片放在钱包内。

掌握递名片的时机，切勿给客人“我要做你生意”的感觉。

递送名片时，建议用双手的大拇指和食指握住名片，正面要向接受名片的人，同时还应轻微鞠躬。如图 1-14 所示。

接受名片时必须点头表示感谢，双手接过名片，同时以同样的方式递出自己的名片，接着要花一些时间仔细阅读对方名片上的内容。

收到名片后，应妥善保管。

六、引导客户

指引场所时：以行礼前站姿站立，手臂自然弯曲，指尖高度与肩膀在同一平面上，从侧面看手臂与身体形成一平面，五指合拢，微曲，指向所指方向，手心向前。

指引人物时：以行礼前站姿站立，手臂自然弯曲，五指合拢，微曲，指向所指方向，手心向上，另一只手放在胸和腹部之间，手心向上，双手一起指引。

用语：

里面请（这边请）

您是要去×××吗？×××在那边。

您是要去休息室吗？休息室在那边，请跟我来。

您是要找×××吗？这位是×××。

七、接待洽谈

引导客户入座时，用手指示，遵照女士优先、长者优先原则。

为客户轻轻拉出并扶住椅子，营销人员在征得客户同意后，入座于客户侧面（以坐在客户的右手侧为佳），保持适当身体距离（0.8—1.2 米）。

营销顾问应主动提供免费饮料服务并询问客户需求，随时注意观察。

需要说话或提问的时候应获得对方允许，并给客户一个简单的概述。

八、积极倾听

音量适中，语调平和，根据不同客户，调整自己的语调、语速和交流方式。

适应讲话者的风格。

眼耳并用，稍侧耳，正面与对方夹角 5－10°，目光凝视一点，不时与对方进行眼神交流。

身体前倾，与水平面夹角约 3－5°，手头不可兼做其他事，身体其他部位最好相对静止。

专注，保持思考状。

首先理解他人，然后再寻求被他人理解。

表现出倾听的兴趣。

面部表情尽量随对方的谈话内容转变。

有效的肢体语言（目光交流、微笑、身体姿势、响应）。

九、文件资料递送

文件资料须用双手递送，正面朝向客户，并作简要说明。

不要在桌面上将资料推到客户面前。

如有需要，帮助客户找到其关心的页面并作指引说明。

递送的文件资料需经过整理。

十、临时离开

在与客户交谈过程中，因某种原因必须离开，应向客户致歉并说明离开时间。

离开时间不能太久，如果离开的时间超过承诺的时间，应及时向客户说明并致歉。

在自己离开的时间，应安排好客户等候期间的活动或请同事协助，避免让客户感觉被冷落或无事可做。

十一、介绍产品

营销顾问应邀请客户听产品介绍，并争取客户允许。

并不是车辆的每个配备和特性都需要详细介绍，从客户最关心的方面开始展示。

鼓励客户动手操作、鼓励客户提问、寻求客户认同。

避免贬低竞争对手的产品。

用以客户为中心的语言。

注意“站姿”“位置”和“手势”。

引导客户方位或引导观看时，手臂自然伸出，手心向上，四指并拢；使用与客户距离远的那条手臂。

指示车辆配备时应五指并拢，切忌单指指示。

客户在展车内时，营销人员的视线不要高于客户的视线。

若客户在车内，介绍时采用半蹲姿势。

十二、言谈举止

① 应以清晰的发音，平和、自信和热情的语调与客户轻松对话。

② 基本礼貌用语。

场合	礼貌用语范例
迎接客户时	您好！欢迎光临！
自我介绍时	您好，我是这里的销售顾问XXX，很高兴为您服务！
递送名片时	这是我的名片，请您多指教！
寻求客户确认时	您看这样行不行？
让客户等候时	对不起，让您久等了！
表示歉意时	真的很抱歉！
接听电话时	您好！北京现代XXXX店，请问有什么可以为您服务的？
邀请来电客户来店时	非常希望您在方便时能够光临我们展厅！
送别客户时	非常感谢您的光临，跟您交流真的很愉快！
邀请客户再次来店时	希望您能再次光临我们展厅！

图 1-15

十三、场景演练

场景设定 1： 星期二下午 6 点钟，一名 30 多岁的男性客户进入展厅，营销顾问注意到该客户自行开车而来，所泊的车型为 Polo，衣装考究，脖子上还挂着胸牌（badge），胸牌带子上有 SAMSUNG 的标志。

场景设定 2： 某中年男性客户曾打电话来询问领翔的存货情况，预约后来展厅。

某天该客户来到展厅，看上去客户约 50 岁左右的样子，客户进来的时候身后还跟着一名男子，25 岁左右的样子。他们俩同车而来，年长者先进来，年轻者停好车后小跑跟着进来。

场景设定 3： 一位 25 岁左右的女子和一位 50 岁左右的男子进入展厅。女子径直走到 i30 前，并示意男子过来看。

任务 1－3　电话接待礼仪

【案例】

在国外某大公司招聘现场，场外一群应聘者正排队等候。场内五六个考官一字排开坐在桌子的后边。场地中央放置了一张桌子和一张椅子，桌子的上面放了一部电话、一支笔和数张白纸。

随着主考官的示意，一名应聘者走进了考场。这时摆放在场地中央桌子上的电话响了，应聘者看了一下各位考官，而各位考官均示意这名应聘者去接电话。于是这位应聘者很自然地用右手拿起了电话自报家门后，“请问，……”话筒内传来了动听的声音：“对不起，是我打错了。”之后，按程序，这位应聘者在纸上写下了简短的应聘理由。几分钟过去后，尽管各位考官表面上没有表示什么不满，但应聘者在现场就被遗憾地告知以后请继续努力。

这位应聘者落选了，是什么原因呢？其实，这位应聘者在其他方面都表现得不错，只是在接电话时用错了手。当时，他使用右手接的电话，又用右手写的字，这表明他并不是个左撇子。而该公司则要求正常情况下，必须用左手接电话，用右手做记录等等。

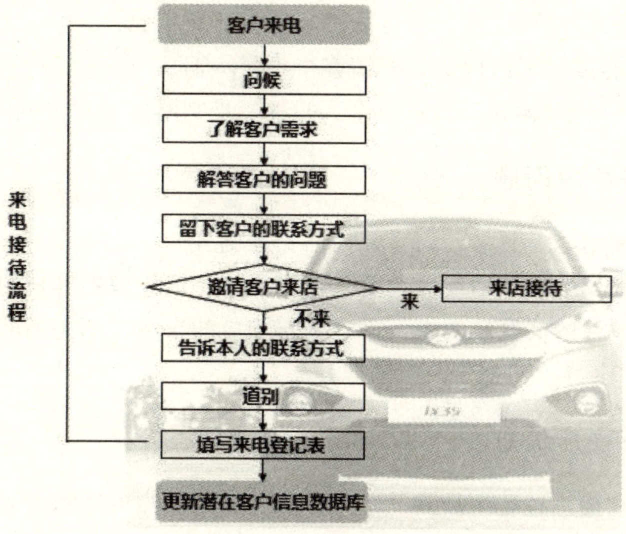

图 1－16　来电接待流程

第一节 电话接待流程与礼仪

一、问候

要点：热情、亲切，通过语言给客户留下良好的印象。具体如下：

接电话动作要迅速，在铃响 3－5 遍时接起，应答问好；问候语要简洁、明快，标准为“您好，北京现代××特约店，我是这里的营销人员××，很高兴为您服务，有什么需要我帮助的吗?”。

营销顾问要认真对待每一个咨询电话，不管客户语气、态度如何，购车意向是否强烈，都要当成有希望成交的潜在客户。

声音要清晰、甜美，态度要热情，就好像对方（客户）在眼前一样，整个过程要面带微笑。让客户感觉真诚，并能够体会营销顾问愿意提供帮助的意愿

二、了解客户需求

要点：通过主动倾听和提问的技巧了解客户真实需求并考虑如何解答，具体如下：

① 主动倾听，适时运用提问技巧了解并确认客户来电目的。

② 与客户形成双向交流，尽可能多地了解客户信息。

③ 重要内容或不明白内容，要请客户重复一遍。

④ 了解客户感兴趣的车型及用途，并进一步判断客户对车辆的真实需求。

三、解答客户问题

回答问题要耐心、热情，语言要简洁、准确。

问及产品和竞争对手情况时，要公正、熟练、清晰解答客户的问题。

针对客户关注的问题和需求，重点介绍相应的车型，不是所有的车型都适合客户的需求。

四、留下客户信息

要点：来电接待过程中最好的结果是除了满足客户的需求外，能够让客户主动告之联系方法，并答应来展厅洽谈。

① 让客户认识到留下联系信息对他有益。

② 在整个接电话过程中，把握每个机会去获取对方的联系信息。

③ 如果使用来电显示功能，在得知对方电话号码后要向客户说明。

五、邀请客户来店

要点：要列举来展厅看车的好处，邀约客户来展厅，一般情况下，展厅是最终实现营销的地方。具体如下：

① 邀请要热情，同时要讲述展厅可以提供的服务项目，如试乘试驾。

② 用“二择一”等方法，帮助客户明确来店时间。

什么是“二择一”法？这里有两个问句：

A：您什么时间亲自来展厅看看呢？

回答：再说吧！

B：您明天还是后天亲自来展厅看看呢？

回答：明天吧！

A提问为开放式问句，没有预设选项，答案的主导权在于客户，客户在回答中，很容易提供一个你不想要的结果，而使自己处于被动的局面。而B提问，营销顾问预设选项，主导权在营销顾问，这种限制性的提问倾向于引导客户，不管客户选择哪一个都是你想要的结果。显然，在确定客户来店时间时，A的效果不如B。

在和陌生人相处时，尽量避免“要”或“不要”的问句。例如下面这个故事：

在同一地理位置开有A、B两家豆浆店，表面看上去两家店的顾客也差不多，但营业额却相差2倍之多！经过调查发现：顾客要豆浆之后，A店的服务员会问顾客“您要鸡蛋吗？”有80%的顾客会回答“不要”；而B店的服务员则会这样问到“您要一个蛋还是两个蛋？”不要鸡蛋的顾客竟然不到10%！

原因竟然这么简单，就是因为一句不同的问话，导致了两家店的生意迥然不同！仔细想来，道理也不难理解：拒绝是人的天性，当你问对方“要不要”的时候，得到的否定回答的机会自然多；而当你问对方“要一个还是要两个”的时候，其实已经给对方做了“一定要”的暗示，只不过选择一个还是两个罢了。这便是最重要的销售技巧“二择一法”了。

③ 在客户同意来店时要表示感谢，并表达想为客户进一步提供服务的意愿。

④ 要在邀请客户来展厅的同时，告诉客户本公司和本人的联系方式。

六、道别和后续动作

要点：进一步加深客户印象，力求让他能够记住特约店和营销顾问。把了解到的客户信息记录下来并管理好，以便跟踪。具体如下：

态度始终如一，亲切、热情。不管最终与客户交流的结果如何，在结束时要感谢客户致电，并道再见，表达希望在展厅再提供更好服务的愿望。

应在客户放下话筒后再挂断电话。

记录及时，内容要详细、真实。重要客户信息要及时上报营销经理。

第二节　电话接待的注意要点

一、语音、语调、语言

坐姿端正，面带微笑，当作对方就在眼前，尽可能注意自己的姿态。使用普通话，语音清晰、悦耳、吐字清脆。打电话过程中绝对不能吸烟、喝茶、吃零食。音调位于 3 的音高上。

口与话筒间保持适当距离，适度控制音量，以免音量过小听不清楚、滋生误会，或因音量过大让人误解为盛气凌人。注意减少缩略语和过于专业的用语的使用。

重要的第一句话：

接电话："您好！北京现代汽车×××特约店！我是××××（职务）×××（姓名），很高兴为您服务！"

打电话："您好！我是北京现代汽车×××特约店××××（职务）×××（姓名）"

在通话过程中不时地用"是的""我明白"等简短的文字使对方清楚你在倾听。对方讲话听不清楚时，使用适当的语言进行反问："对不起，刚才没有听清楚，请再说一遍好吗？"避免使用"哦""啊""什么？"等语气词。

二、替他人接电话

应确认将电话转给谁。应确保对方已经与要找的人通上话后才把电话挂断。如果对方要找的人不在时，应主动要求替对方留言。如果对方本不知道应该找谁时，不要使对方感到有推诿的感觉。

如需暂时离开电话去找对方要找的人时，应确认话筒的位置避免对方听到你身边的各种声音。

用语举例：

"您是找×××吗？好的，我马上给您转过去。"

"您是找×××吗？好的，我马上帮您找一下，请您稍等。"

"他现在不在，我可以帮您留言吗?"

"他现在不在，如果方便，我可以为您效劳吗?"（在对方已经知道你的身份的前提下）

三、电话记录

如果是主动向外拨打，应先整理好通话要点后，再行拨打。

如果是接听对方电话，记录要点：

5W1H（6W2H）

Who 谁

When 什么时候

Where 在哪里

What 做什么

Why 为什么做

Whom 找谁做（如果涉及）

How 怎么做

How much　多少钱（如果涉及）

为避免出错，应适时重复，注意近音字。

四、结束通话

善于从对方的语气、语调、语言中发现对方即将结束通话的意思。例如：在一件事情陈述完毕后，对方出现几秒的沉默。

结束通话前，简要重复刚才通话的要点：5W1H（6W2H）。

用适当的语言提示对方挂机。例如："还有其他我可以为您效劳的地方吗?"

礼貌的结束通话："感谢您的来电，再见"

一般由打电话一方先挂机（建议等客户挂机后再挂机）。

如需先挂机时，应注意轻轻放下话机，或先放下话机接触挂机键的一端后再放下另一端。

课后作业：【角色演练】

两人一组，一人扮演客户，一人扮演电话接待营销顾问，然后对换角色。

扮演营销顾问学员的演练重点：

切入话题：最开始包含可能为对方带来利益的话题。

理由：给意向客户一个让他觉得必须同你见面的理由。

预约面谈：决定进行面谈的安排。

接电话的礼仪（从铃响接电话到挂电话）。

任务1-4　来店客户的心理状态与应对

营销人员在接待客户的时候，首要问题是打消客户的顾虑。要打消客户的顾虑，你就要了解客户是怎么想的。

客户想法：

① 我希望在我走进展厅时营销人员至少要招呼一声。

② 我希望能在专营店得到我所希望得到的服务，而不是被强拉着听车辆介绍。

③ 我不希望在展厅参观车辆时，营销人员老在我身旁走来走去，如果我有问题我会问的。

作为营销顾问要把握客户来店心理，使用一定的应对技巧，缓解客户的紧张情绪，打消客户的疑虑，取得客户的信任。

一、心理状态

在日常营销工作中经常会遇到这样的情况，客户自己或和朋友进来，他们站在自己感兴趣的车前，边看边品头论足。有些营销人员见状就马上走过去接待他，而正在谈得津津有味的客户一旦看到营销人员走过来便马上拔腿走人了。

1. 客户的想法

【客户不希望什么?】

当客户进入展厅观摩自己感兴趣的车时，他不希望营销人员在旁边喋喋不休。

【客户希望什么?】

客户希望在自己需要的时候能够得到及时的帮助。客户在看车的时候不希望被打扰，而在需要帮助的时候又希望能够立刻得到帮助。

这看上去似乎很矛盾，让营销员不知所措，其实，恰到好处的服务分寸是可以通过训练和观察获得的，这就要求营销人员观察客户，而不是不管客户。

2. 营销人员的想法

急于上前接待。营销人员最常见的想法是一有客人来就急忙上前想做详细介绍，甚至客人还没有进门，就跃跃欲试准备接待了，因为营销人员是不会放过任何一次生意机会的。

主动揣摩。通过接待客户，从客户的穿着、行为、语言等来判断客户的类型，是主导型的、分析型的，还是社交型的，以此确定客户的意向级别和意图。

二、应对方法

1. 客户进门时的应对

【迎接客户】

随时注意有没有客户进入展厅。营销人员应随身携带名片和笔记本，以便随时记下客户的信息。

客户一进门口，展厅营销人员要面带微笑、双眼注视客户、稍稍鞠躬并说“欢迎光临。”不要给客户造成心理上的紧张和压力。若是两人以上同行，则不可忽视对其他人的照顾。客户经过任何工作人员旁边时，工作人员即使忙于其他工作，也应面带微笑点头致意。

如客户不需要协助，那就让客户轻松自在地活动，但你仍应随时注意观察客户的动态，以便及时地调整自己的营销方案；若发现客户有疑问时或需要服务的迹象时，要立即上前服务，最好将客户引入到洽谈区坐下。

若同时有两三批人来看车，要及时请求支援，不可以让任何人受到冷落。

若有儿童随行，则接待人员或其他营销人员应负责招待。若儿童愿意到儿童游乐区玩，则引导他们前往，并保证儿童的安全。

【心理分析】:

从心理学角度讲，客户进门之前肯定是愉快的，因为他要购买的商品一定是他所需要的。一旦进入大门，发现营销人员迎过来的时候，他的心情就会紧张。

紧张的因素有很多，其心理状态是很微妙的，尤其是在购买价值很高的贵重商品的时候。此时，营销人员的言行不应该是去加重客户的这种紧张心理，而是设法缓和客户的紧张情绪。

如果客户一直保持着紧张情绪，会对未来的营销不利，会增加对你的不信任感。

只有客户感觉到对自己的威胁消失了，他重新回到了进店之前的那种舒适放松的状态，这个时候他才会从容不迫地在那看车、订车。

2. 客户看车时的应对

【从业务角度来观察】

营销人员要观察客户围着汽车看什么，是看车头，还是看驾驶座旁的仪表盘。只有了解客户所关心、所重视的东西，才能在脑子里准备好应对策略。客户都喜欢货比三家，也许他来这里之前，已经去过其他的店了。他这个时候进来，可能只是进行一些细节上的比较。营销人员观察到这种现象之后，就可以有的放矢地准备营销策略了。

【从专业化角度来观察】

营销人员观察客户的行为，了解客户喜欢什么、关心什么，这不仅可以很快地直接进入主题，而且客户会认为你十分专业，从而赢得客户的信任。对于一般客户来讲，汽车被认为是一个很复杂的产品，由很多部件构成，涉及很多的专业知识。他买车只是为了使用，可能对保养、维修常识一窍不通。此时他与你接触后发现你是这方面的专家，从心理上讲，客户就信服你一大半了，他认为你对他是有用的，以后的服务交给你是可以放心的。“我在你这儿买的车，我就找你”，很多客户都是这样的心理状态。

现在的问题是，往往在营销人员这儿买的东西，营销人员却不负责。因为营销人员不懂专业，不懂维修，不懂技术，客户的维修保养事务还得去找售后服务，这中间又隔了一层，使客户的购买欲望大打折扣。所以，营销人员的专业化对赢得客户是非常关键的。

三、缓解客户的紧张心理状态

与客户接触，应主动缩短与客户之间的距离，恰到好处地了解客户来店的真实动机，以尽快取得客户的信任为目的。否则，客户不会与你洽谈，更谈不上买你的车了。

怎样才能缩短与客户之间的距离，了解客户来店的真实动机，尽快地取得客户对你的信任呢？

从客户心理学的角度来看，一般情况下客户进入展厅时大都存在这么几种情况。期待：以最少的钱买最好的东西；担心：希望、想法、要求不能得到满足甚至被骗、挨宰。由于这种期待和担心常常是交织在一起的，故表现为本能上的自我保护——对立意识，行为上常常是一种怀疑或者逃避的态度。堂而皇之的理由是他不认识你；他不信任你；他对你没有好感。

客户尤其害怕进入实质阶段，特别是在付款的时候，担心这个是否属实、那个有没有想到，等等。

为了打消客户的这些疑虑，你要想方设法“营造”一个舒适、温馨的客户购车环境，并在和客户的整个接触过程中针对不同的情况注意使用以下方法来消除客户的疑虑：

① 认同客户的观点，承认他讲得有道理；

② 不诋毁同行或竞争对手；

③ 尽量展示出你的专业能力；

④ 努力表现出你的素质与修养；

⑤ 通过灵活地运用方法和技巧，让客户情绪放松，逐渐取消对立情绪；

⑥ 趁势向客户了解购买动机和真实的需求；

⑦ 以客户为中心，从客户的角度来帮助解决客户的疑难问题等；

⑧ 注意：在接待客户的过程中，针对不同的情况，要不同对待。

【情况一】

不是本店的保有客户来店寻求帮助时。

你要表示出关心，请客户坐下，递上茶水、饮料。安慰他别着急，问清楚车况、事发地点及可能发生故障的原因，并且马上通知相关的服务人员前来处理，让客户感觉到你真心诚意地愿意帮助他。

【情况二】

当确认客户来店的目的不是买车而是要求和专营店的某人谈话时。

当被访者在的情况下，先请客户在客户休息区坐下，然后马上通知被访者会客。

当被访者不在的情况下，请客户在客户休息区坐下后，马上联络被访者。同时奉上茶水，询问客户的需求，并且根据情况主动关心并提供服务。

【情况三】

当确认客户来店目的是想看某款车，并且只是想自己一个人看看时。

感谢客户的光临，递上你的名片以便提供进一步的帮助。让客户自己随时浏览参观，营销人员行注目礼，随时准备与客户交流。适当时递上茶，尽可能让客户留下联系资料，但不可强求。

【情况四】

当确认客户来店是想看看某款车并需要帮助时。

问清楚客户需要解决什么问题。用你自己的话再重复一遍客户所说的内容，请客户确认你对他来访目的的理解是否正确。别忘了向客户递上你的名片。

要点：重视来店的每一位客户，是指一视同仁，不能有好恶之分，不能以貌取人。

四、与客户建立互信关系

1. 良好的客户关系

具有良好的个人修养与专业知识，可以赢得客户对你的尊重与依赖。如何增加客户的好感。

（1）

① 真正把客户的利益放在首位，大力倡导“以客户为导向”的营销理念。

② 创造一个安心、舒适、愉悦的营销环境，与客户保持适当的距离。

③ 尊重和重视每一位客户，认真对待和处理客户的每一个问题、意见和

建议。

④ 适时正确的运用营销技巧。

⑤ 努力创造客户的满意度。

⑥ 适时的赞美和感谢客户。

（2）做好与意向客户联系的各项准备

备好记有客户姓名、电话号码、信息来源和先前联系记录的文件。制定每天要联系的客户名单和最低联系数量。

与潜在客户联系并确认你找的人，介绍你自己和公司的详细情况。

说明你去电的理由，并确认该客户有无足够交谈时间。

2. 以客户为导向，帮助客户解决问题

与客讨论对车的需求及用途，了解该客户目前所使用车辆的车型。

了解客户购买新车的实际主要用途等信息，从而熟悉客户需要。

给予客户切合实际的建议，以便获得机会。

通过与客户的交流，以你对专业知识的了解，从客户的角度出发，帮助客户解决一些实际问题，让你成为客户的朋友。

建立互信关系后，请客户定下有具体时间、日期和地点的约定。

3. 建立相关的营销业务表单

客户的重要信息及主要的洽谈经过都需要及时的记录，细节方面的情况都不可以疏忽，记得越详细越好，这样可以强化日常营销的管理活动，加强计划的自我管理能力，即时的提供实际营销信息数据，对于开展整体营销活动具有重要的参考价值。

注意：能够赢得客户信任的营销人员，最有可能影响客户的购买决定；汽车营销流程不需要生搬教条，而是根据现场的实际情况来灵活运用。

请简述如何缓解客户紧张的心理状态。

项目一考核

本次考核汽车营销之接待客户，分小组进行考核，五六人一组，共四组。考核形式为角色扮演情境演练，同时提交一份应对以上情境的书面材料。

情境为：

① 两客户进入展厅，四处观望；

② 客户说："我自己随便看看"；

③ 显示对某一辆车感兴趣，然后直接询价；

④ 当顾问询问客户时，客户不发表意见；

⑤ 客户喜欢，但是同伴不喜欢；

⑥ 客户离开时不愿意留下详细资料。

说明：两人扮演客户，两人扮演营销顾问。

项目二　向顾客介绍新车

据调查表明，在车辆介绍过程中做出购买决定的客户占最终购买客户的70%以上，而客户做出不购买决定的也是常常发生在车辆的介绍过程中。因此在汽车营销过程中，产品介绍环节的重点就是要针对客户的需要、客户的喜好以及客户关心的地方有针对性地进行产品介绍，帮助客户了解所选汽车能给他带来的利益从而确认购买，只有在这时客户才会认识其价值，才有可能做出购买的决定。如图2-1所示。

图2-1

本项目共有四个任务，具体如见表2-1所列。通过教学使学生掌握车辆展示和介绍的技巧和方法、试乘试驾的流程、处理客户异议的方法。项目最后分组进行考核，考核方式为情境演练。

表2-1　介绍新车

	项目二　向顾客介绍新车	内容
1	任务2-1　展示车辆	展示要点；展示标准
2	任务2-2　介绍车辆	FAB产品介绍法；六方位绕车介绍法；顾客需求分析
3	任务2-3　试乘试驾	试乘试驾常见问题与对策；执行流程客户的参与和确认

（续表）

	项目二　向顾客介绍新车	内容
4	任务 2－4　处理客户异议	异议的产生不可避免；客户异议的种类；产生异议的原因；正确认识客户提出的异议；处理异议的方法
5	项目二考核	情境演练

任务 2－1　车辆展示

一、规范管理的八字原则

首先要对车辆的展示进行规范的管理。规范的管理可用八个字概括，就是整理、整顿、清理、清洁。对车辆的展示也要有这样规范的管理。如图 2－2 所示

图 2－2　展示车辆

二、展示要点

在这个原则之下，应把握如下一些展示的要点：

① 要方便客户的参观与操作，营销人员要把这个作为要点来执行。

② 要注意车辆的颜色搭配，展示区域的车辆不能只有一种颜色，几种颜色搭配效果会更好一些。

③ 注意车辆型号的搭配，同一个品牌的车，可能有不同的系列，有的车从小到大，有的车带天窗，有的车没有天窗，不同型号的车都应搭配展示。

④ 要注意车辆摆放的角度。如图 2-3 至图 2-5 所示。

图 2-3　车辆摆放角度（1）

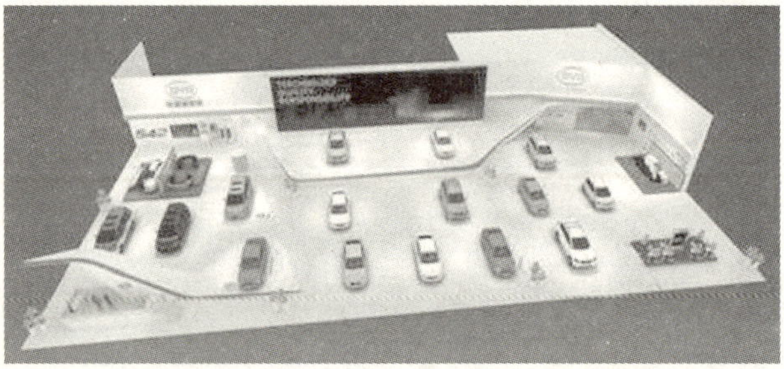

图 2-4　车辆摆放角度（2）

图 2-5　车辆摆放角度（3）

⑤ 要有一辆重点推出的车。摆了这么多的车辆，必然有一款是重点推出的。

需要重点展示的车辆必须要突出它的位置。一般来讲，小的展厅也能放三四台车，大一点的话可能会放得更多一些。在这些车当中，肯定有不同的型号，不同的颜色。有些是属于旗舰的主要车型，对于这种车型一定要选出一个合适的位置来突出它。因此我们常看到有些 4S 店会把一些特别展示的车辆停在一个展台上，其他的车都围绕着它，同时还要注意凸现这辆车的特色。比如有的时候可以打出一些灯光。

三、展示标准

仅有展示要点还不够，还要制定一些展示的标准。通常，以视线以内作为标准，即以眼睛所能看到的地方进行评价。

1. 按规定摆放车辆的行路架

发现很多汽车公司或者 4S 店在这方面做得不是很规范。行路架不是放在车的左边，就是放在车的右边，在整个展厅里面没有协调性、一致性，很随意，摆的位置也不规范，有的在前面，有的在后面，还有的在侧面。

2. 展车的卫生情况

（1）指纹

大家都知道，车辆油漆的光洁度非常高，车门把手上面都是镀铬的，比较亮，只要手触摸到门把手或车身，马上会留下指纹。营销人员在展厅里面工作的时候，随时随地要保持展车的规范清洁性。

（2）水痕

展示当然更不应该有水的痕迹。有的 4S 店会在车辆进展厅之前先用水冲一冲，洗一洗，然后用专用的抹布把车给擦干，但是有的时候夹缝里边或者一些地方会有一些水珠流出来，这些都是不允许的。

（3）灰尘

还要注意一些细节方面的问题，如是否有灰尘，这些灰尘在什么地方。把前面引擎盖打开以后，凡是视线范围内的位置都不允许有灰尘。

包括车的前脸，也不允许有灰尘，包括排气管，这些都是可能被忽视的地方，因为排气管也是视线能看到的。有的客户喜欢看底盘高还是低，那个时候就能够看到排气管。有的企业在这方面不但规范，而且检查的时候会把手伸到排气管里面去。

3. 细节

（1）轮毂上的品牌

要注意车轮的轮毂，车的品牌在轮毂上会有。当车停稳以后，轮毂上的品牌按标准要求应该与地面呈水平状态。

(2) 导水槽

轮胎上的导水槽里面也要清洁，因为车是从外面开到展厅里面来的，难免会在导水槽里面卡住一些石子等东西，这些东西都应拿掉，还要洗干净。

(3) 座位的距离

前排的座位应调整到适当的距离，而且前排两个座位从侧面看必须是一致的，不能够一个前一个后。不能够一个靠背倾斜的角度大一点，一个靠背倾斜的角度小一些，而且座位与方向盘也要有一个适当的距离，以方便客户的进出。太近了，客户坐进去不方便，这样会使客户感觉这个车的空间小，其实是那个座位太靠前了。

(4) 新车的塑料套

新车在出厂的时候，方向盘上面都会有一个塑料套，还有一些倒车镜、遮阳板都是用塑料袋给套起来的，这些也应拿掉。

(5) 后视镜

后视镜必须调整好，坐在里边很自然地就能看到两边和后面。

(6) 方向盘

要把方向盘调到最高，如果方向盘太低，客户坐进去后会感觉局促，从而会认为这辆车的空间太小。

(7) 仪表盘上面的石英钟

还要注意将仪表盘上面的石英钟按北京时间对准。

(8) 空调的出风口

要试一下空调的出风口，保证空调打开后有风。

(9) 汽车上的开关

汽车上的开关不是左边按下去是开，右边按下去是关，而是中间的位置是关，所以必须要把开关放到平衡中间的位置。

(10) 收音机

一般收音机有五到六个台，都应把它调出来，同时必须要保证有一个当地的交通台和一个当地的文艺台，这是一个严格的考核指标。

(11) 左右声道

汽车门上面的喇叭分左边和右边的，喇叭的音响是可以调整的，两边的声道应调成平衡，这个是必须要检查的。

(12) 音量

音量不能够设定的太大，也不能设定的太小，然后配一些光盘，在专门的一个地方保管。当客户要试音响的时候，你可以去问客户需要什么样的音乐，那个时候取来不同的碟片给客户欣赏。当然最好选择能体现音响音质的CD，你要想试音响的效果的话，将一个戏曲 CD 放进去，那感觉不出来，但是你要选一个节奏感特别强的碟片，人都会随之振动，也会情不自禁地参与，感觉和感情就调动起来了。这就是试音响所要达到的目的。所以营销人员应事先准备好类似光盘，当客户对音乐没有什么特别爱好的时候，你可以拿出一个最能够表现汽车音响的碟片。

（13）安全带

汽车公司营销汽车的时候基本上没有考虑过安全带，特别是后排座的安全带。后排座有的时候会有三个安全带，中间有一个，旁边有两个。有时候安全带都散在座位上，这是不允许的，必须把它折好以后用一个橡皮筋扎起来，塞到后座和座位中间的缝儿里面，留一半在外面。这些都是给客户一个信号，这家汽车公司是一个管理规范的汽车公司，是一个值得信赖的公司。

（14）脚垫

一般展车里面都会放一些脚垫，是怕客户鞋子上有灰。每一个 4S 店都会事先制作好脚垫，例如沃尔沃的脚垫上面应有沃尔沃的标志，摆放的时候应注意标志的方向。同时要注意脚垫脏了以后及时地更换。

（15）后备箱

展示的后备箱打开以后不应有太多物品，放置时要合理安排物品位置，同时注意各物品要端正摆放，警示牌应放在后备箱的正中间。

（16）电瓶

细节方面还要注意电瓶。展车放置时间长了以后电瓶会亏电，所以必须要保证电瓶有电。

（17）轮胎美容

轮胎洗干净还是不够的，还要美容一下。用喷喷亮把它喷得乌亮。轮胎的下面应使用垫板。很多专业的汽车公司都把自己专营汽车的标志印在垫板上，这样会给客户一个整体的良好的感觉。

【作业】

请简述车辆展示的各项标准。

任务 2-2　介绍车辆

我们知道前来购车的客户绝大多数是不喜欢听你用专业术语来滔滔不绝地做介绍，这样客户一定会有一种什么都听不懂的感觉，那么客户自然就只会选择其他专营店购车。

营销人员针对这个问题就应该注意专业术语的使用和产品介绍的技巧。

第一节 FAB 产品介绍法

画家丰子恺的故事

著名画家丰子恺有次出外写生，一开始在路上碰到一商人。丰子恺就跟人家进行自我介绍，他告诉那个商人：他叫丰子恺，“丰”是那个“咸丰皇帝”的“丰”。商人摇摇头讲，不知道。他又告诉商人：“丰”是那个“五谷丰登”的“丰”。商人还是摇头讲不知道，丰子恺不得已就在这个商人手上写了“丰”，商人看完，恍然大悟讲：这不就是“汇丰银行”的“丰”嘛。丰子恺想想，哦，原来讲“汇丰银行”的“丰”他就明白了。那我下次碰到人作自我介绍的时候就讲我这个姓“丰”就用“汇丰银行的丰”进行介绍，省得人家不明白并浪费时间。

丰子恺又往前走，走到一山村正计划写生碰到一老农。他又开始很热情地跟老农进行自我介绍，他告诉老农：他叫丰子恺，丰是那个“汇丰银行”的“丰”，结果老农摇摇头讲不知道，他又告诉商人：“丰”是那个“咸丰皇帝”的“丰”，老农还是摇头讲不知道。丰子恺只要在自己的画纸上用笔写了一个“丰”字。老农看了哈哈大笑讲这不就是“五谷丰登”的“丰”啊。丰子恺又再次迷糊了。

（1）什么是 FAB?

在产品介绍技巧中有一种很好的方法叫“FAB”特征利益法。

所谓“FAB”是三个英文单词的缩写：F（Feature），就是属性（配置）的意思；说明与众不同的特征。

说明：F：客观，说特性，非通性。

A（Advantage），特性的内涵意义。特性会发挥什么作用；说功用。

B（Benefit），意思是利益。给客户带来的好处；从产品/服务中获得的各种好处；主观的。

在阐述观点和介绍产品的时候，若按照这样的顺序来说，客户就容易听懂、更容易接受。

例如，营销汽车，按 FAB 顺序来阐述：

通过这种方法来向客户介绍你的汽车产品，把你汽车上的配置（特别是客户最关心的地方），用“FAB”法来介绍，把“好处”一一地都摆在客户的面前，这样客户才会越听越兴奋，从而最后下了决心。如图 2-6 所示。

抓住客户的购买心理就是你要抓住客户的关键点，这样才能引起他注意。如何让客户产生兴趣，激起他的购买欲望，并给他留下深刻的印象，让他采取购买的行动呢？你要适时地请他参与，并在他对某一项功能表示认同的时候，及时的

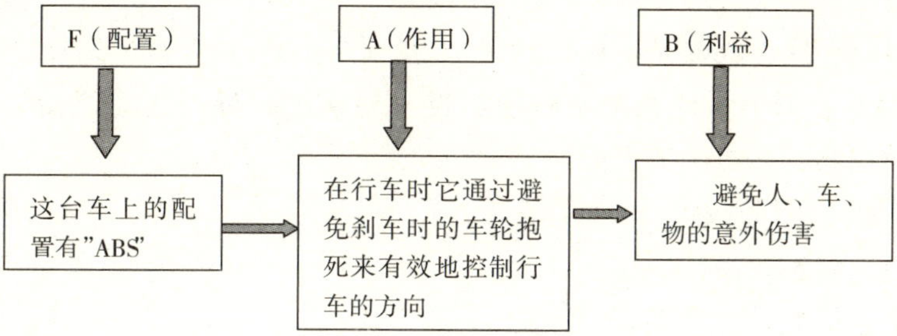

图 2－6　FAB 顺序

重复并确认，这一点非常重要。

例如：

F	A	B
这部笔记本电脑不到 1 公斤	重量轻巧	经济、省钱
这个杯子使用不锈钢制作的	可以用 20 年	方便携带
这台打印机每分钟可打印 40 张	快速打印	节省时间、提高效率

0F 和 B 有何区别?

F	B
客观存在的	主管感觉的
无感情的，冷冰冰的	温暖的，打动人心的
我们所卖出的	顾客能得到地
站在自己的立场上	站在顾客的立场上

（2）FAB 的重要性

人性管理学中，人们通常只关心和自己有关系或对自己有好处的事情。客户考虑买不买时，他们往往联想的是“购买”的是 ……

他们想象中因你的“产品”和“服务”能为他们带来的“效益”和“利益”。而不是因对你的“产品”和“服务”感兴趣而购买。

（3）FAB 的使用方法

语术模板：因为…（属性）…具有…（作用）…，对你而言…（好处）…

这是由一个点引发相关联的逻辑法则。

来比较一下一般说辞及FAB说辞不同：

一般说辞：这件衣服是纯棉的。

FAB说辞：因为这件衣服是纯棉，吸汗功能比较好，让我们在享受运动的同时，让我们的身体更加清爽舒适。

（4）FAB法则的运用

第一步：熟悉产品知识；

第二步：了解顾客需求；

第三步：FAB法则话术；

第二步 了解顾客需求

顾客要买什么？

答案：感觉

我们要卖顾客什么？

答案：好处

顾客为什么要在我们这买？

答案：发掘需求，放大需求

没有需求怎么办？

答案：创造需求

（5）FAB的故事

讲述一个猫与金钱的故事，你能得到什么启示？

图2-7一只猫非常饿了，想大吃一顿。这时营销员推过来一摞钱，但是这只猫没有任何反应——这一摞钱只是一个属性（Feature）。

图2-7 猫与金钱（1）

图 2-8：猫躺在地下非常饿了，营销员过来说："猫先生，我这儿有一摞钱，可以买很多鱼。"买鱼就是这些钱的作用（Advantage）。但是猫仍然没有反应。

图 2-8　猫与金钱（2）

图 2-9：猫非常饿了，想大吃一顿。营销员过来说："猫先生请看，我这儿有一摞钱，能买很多鱼，你就可以大吃一顿了。"话刚说完，这只猫就飞快地扑向了这摞钱——这个时候就是一个完整的 FAB 的顺序。

图 2-9　猫与金钱（3）

第二节　六方位绕车法

六方位绕车介绍法是一个比较规范化的汽车产品展示流程。最早由奔驰汽车所应用，后来被日本丰田汽车的“雷克萨斯”品牌采用并进一步完善到今天。这六个标准步骤大约需要40分钟左右的时间来完成。平均每个步骤约需要7分钟，其中步骤的长、短视客户情况而定。

方位	重点介绍
1号位：车头45°角	外观与造型、腰线伸展、品牌、超值所在
2号位：驾驶座	乘坐的舒适性、驾驶的操控性
3号位：后排座	乘坐的空间及其舒适性
4号位：车尾部	尾部特色、后备厢等
5号位：侧车身	安全性、侧视效果等
6号位：发动机室	发动机特点、动力性等

1. 车头45°角（车前方）（图2-10）

图2-10　车头45°角

汽车营销人员首先应引导客户站在车正前方，上身微转向客户，距离30厘米，左手引导客户参观车辆。

汽车的正前方是客户最感兴趣的地方，当汽车营销人员和客户并排站在汽车的正前方时，客户会注意到汽车的标志、保险杠、前车灯、前挡风玻璃、大型蝴蝶雨刷设备，还有汽车的高度、越野车的接近角等。

汽车营销人员在这个时候要做的就是让客户喜欢上这辆车。

比如，你向客户介绍的是捷豹XJ车系的车型，那么你就可以邀请车主和你并排站在捷豹轿车的正前方，然后说：“捷豹轿车一贯表现优雅而经典，周身流淌着高尚的贵族血统，耐人寻味。看，由车头灯引出的四条拱起的发动机盖线条、大型的镀铬进气栅格、四个圆形头灯都延续了 XJ 车系的传统，品质自然出众。车头看起来蛮精致、蛮漂亮的，是吧？”趁着这个大好时机，你可以给客户讲讲关于捷豹轿车车标的故事，强调你所营销的车子与众不同的地方。

每一款车的造型都有它与众不同的地方，如流畅明快的发动机盖线条、活泼俏皮的车灯、威武大气的保险杠……不过，在这个时候，向客户讲太多的技术参数是不太好的，而应用言语给客户描述出一幅幅美丽壮观的画面，比如高大的棕榈树、惬意的晚风、羞红了脸的彩霞、浪漫的海滨、温馨的二人世界或者野性十足的戈壁、奋蹄奔跑的羚羊、魂牵梦绕的大漠驼铃……

2. 驾驶室

带领客户钻进车里，对汽车的功能及操作做详细介绍。客户察看了汽车的外形，检查了汽车的内饰，对汽车的性能有了大致的了解，那么接下来就是告诉他驾驶的乐趣以及操作方法了。这时，汽车营销人员可以鼓励客户进入车内。先行开车门引导其入座。如果客户进入了车内乘客的位置，那么你应该告诉他的是汽车的操控性能如何优异，乘坐多么舒适等；如果客户坐到了驾驶员的位置，那么你应该向客户详细解释操作方法，如雨刷器的使用、如何挂挡等。最好让客户进行实操作，同时进行讲解和指导，介绍内容应包括座椅的多方位调控、方向盘的调控、开车时的视野、腿部空间的感觉、安全气囊、制动系统的表现、音响和空调、车门。如衅 2－11 所示。

图 2－11

3. 后排座

接下来，汽车营销人员就要引领客户站在汽车的左侧，从而发掘客户的深层次需求。无论哪一类客户，看到汽车的第一眼就怦然心动的都不多见，哪怕客户看起来与汽车很投缘，客户还是要进一步考察他们心仪已久的“梦中情人”是否像传说中那么出色、那么优秀，更何况是他们初次接触的、心动神摇的“漂亮女孩”或“潇洒男生”呢？因此，最重要的还在于气质的匹配程度。而车子的气质个性是否与购车者匹配呢？走到一辆轿车的侧面，让客户听听钢板的厚实或轻薄的声音，看一看豪华舒适的汽车内饰，摸一摸做工精致的仪表盘，感受良好的出入特性以及侧面玻璃提供的开阔视野，体验一下宽敞明亮的内乘空间，客户就能将自身的需求与汽车的外在特性对接起来，再加上汽车营销人员的介绍和赞美，客户一定心神摇曳。由于男性追求的多是事业上的成功、生活上的放松和家庭的幸福，因此，汽车营销人员在向他们介绍汽车的左侧面的时候，更应该强调这些。

4. 车尾部

介绍了车内，就要陪客户一起站在汽车的正后方，全面介绍，仔细回答。站在轿车的背后，距离约 60 厘米，从行李箱开始，依次介绍高位制动灯、后风窗加热装置、后组合尾灯、尾气排放、燃油系统。开启行李箱介绍，掀开备胎和工具箱外盖进行介绍。千万不要以为这一步骤多余，很多挑剔的客户不是抱怨车尾太短，就是抱怨车子不够大气，抱怨车子没有行李箱。由于客户刚刚走过汽车左方的时候过于关注体验，或许忽略了一些问题。这时汽车营销人员要征求客户的意见，在给他们全面地介绍后仔细地答复。如图 2－12 所示。

图 2－12　车尾部

尽管汽车的正后方是一个过渡的位置，但是，汽车的许多附加功能可以在这里介绍，如后排座椅的易拆性、后门开启的方便性、存放物体的容积大小、汽车的尾翼、后视窗的雨刷、备用车胎的位置设计、尾灯的独特造型等。

例如：位于尾部中央的外挂备胎，加上上方半包围式的玻璃和尾灯，就像是一只带有红脸蛋，戴墨镜的小猪。

5. 车侧部

介绍了前三个方位之后，汽车营销人员应带领客户从车尾来到车子的正右方。这时应该向客户介绍什么呢？这时候正是争取客户参与谈话的时刻，你应该邀请他打开车门、触摸车窗、观察轮胎，观察他的反应邀请他坐到乘客的位置。注意观察他喜欢触摸的东西，告诉他车子的装备及其优点，他会做一番审慎的衡量的。认真回答他的问题，不要让他觉得被冷落，但是要恰到好处地保持沉默，不要给客户一种强加推销的感觉。

汽车营销人员在汽车右侧向客户介绍车时，可以告诉他们一些非正式的信息。但是，要牢记不要误导客户或混淆视听。在欧美国家，汽车营销人员用于非正式沟通的时间不到介绍产品时间的10%，在我国，这个数字却高达50%以上。在奥迪 A4 上市之初，许多奥迪汽车的营销人员都会有这样的经历，那就是只要一说“第一批奥迪是德国原装的”，客户就会很快做出购买决定。如果你喜欢一些汽车的奇闻逸事的话，比如某国家元首或体育明星喜欢乘坐哪个品牌的汽车，那么你尽可告诉你的客人好了。在客户还缺乏相应的品牌忠诚度的时候，告诉客户一些非正式信息也是促成交易的好办法。如图 2-13 所示。

图 2-13　车侧部

6. 发动机室

最后，引导客户到发动机盖前，根据实际情况向客户介绍发动机及油耗情况。汽车营销人员站在车头前缘偏右侧，打开发动机盖，固定机盖支撑，依次向客户介绍发动机舱盖的吸能性、降噪性、发动机布置形式、防护底板、发动机技术特点、发动机信号控制系统。合上舱盖，引导客户端详前脸的端庄造型，把客户的目光吸引到品牌的标识上。所有的客户都会关注发动机。因此，汽车营销人员应把发动机的基本参数包括发动机缸数、汽缸的排列形式、气门、排量、最高输出功率、最大扭矩等给客户做详细的介绍。如图 2－11 所示。

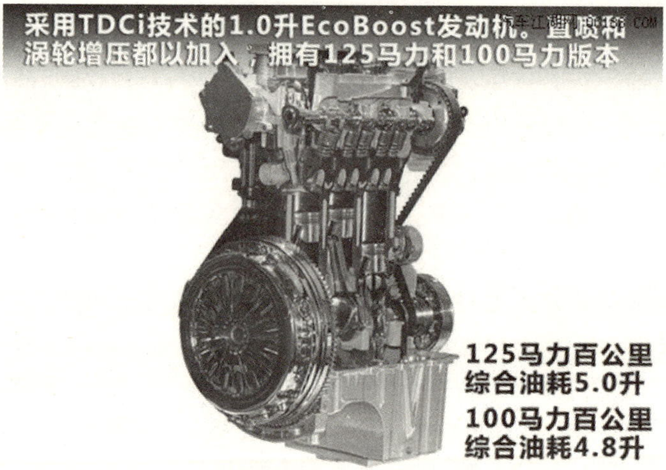

图 2－14　发动机

营销人员在绕车介绍时，也要使用前面所介绍过的“FAB”法，除了说明车载配置、特点外，还要强调配置、特点能够给客户带来的利益。只有这样，营销人员的介绍才能够打动客户，才会有效果。

第三节　BAF 介绍

【情境引入】：猫和金钱的故事四

猫吃饱喝足了，这时营销员继续说：“猫先生，我这儿有一摞钱。”猫肯定没有反应。

营销员又说：“这些钱能买很多鱼，你可以大吃一顿。”

但是猫仍然没有反应。原因很简单，它的需求变了——它不想再吃东西了，而是想见它的女朋友了。

（1）顾客的买点

在实际营销应用中，存在两个问题：

1. 很多营销员和顾客进行产品沟通时费力、被动，不能很快切中顾客的需求，进而影响成交。具体表现为介绍了很多产品，就是没有找到顾客喜欢、想要的那一款。

2. 很少有营销员能够准确地说出各类产品的属性、卖点、顾客买点，大多数人把这三者混为一谈。比如：

问：“买了这款T恤对我有什么特别的好（益处）?”

答：“这是采用防蚊面料做的，可以防蚊子叮咬（功能）。”

其实我们分析一下，防蚊子叮咬并不能成为“好”的答案，因为还没有弄清楚防蚊子叮咬对顾客究竟是“利还是弊”。假如顾客刚好认为多接触防蚊子叮咬的化学会对皮肤有危害，那么“防蚊子叮咬”的功能对顾客而言就不是“好”；换言之，如果顾客知道防蚊子叮咬功能是用安全无害的植物提取料来实现的、同时顾客也很在乎安全、无害、又可防蚊子叮咬，此时“防蚊子叮咬”功能对顾客而言才是“好”。另外，我们还要考虑这款T恤的防蚊季节和顾客地区是否属于有蚊子并且会被叮咬的区域，如果不是，那么这个回答对于顾客是不需要的，反之会给顾客带去对营销人员职业专业度的怀疑，导致营销的失败。

FAB营销法则的终端培训内容除了产品本身“F”，还结合了“A”，更贴近市场，同时有了和同类产品的比较，从而来突出自己的优势；“B”的内容来源于消费者研究的结果，它的内容是“给顾客带来的好处是哪些”，这就需要深入研究消费者心理和需求，也就是上文所谈到的顾客是否在乎“防蚊子叮咬”的问题。所以，FAB的培训已经超出了产品知识的范畴，涉及了产品关联的其他因素分析以及对顾客需求的探寻，接下来，我们再对FAB做进一步的分析。

（2）BAF介绍

我们假设某专营店经销三款车型——X车、Y车和Z车，每款车都有不同的FAB。

情景对话：

营销员：“这款车是我们这次重点推出的一款，他的外观时尚大气，极富现代科技感的设计外形，同时表现出了作为SUV该有的肌肉感，根据空气动力学的设计，可有效地减小风阻系数，可以很好地降低油耗，节省油费，减轻经济负担，让您随意驰骋。”

顾客：“哦，哦，我再看看……”

营销员还想介绍X车的其他特点，接着还想耐心地介绍Y车和Z车。可是，顾客已经很礼貌地谢绝了。

以上情景中，营销员接受过正规系统的营销培训，完全正确地按照所有跨国公司都遵循的FAB产品介绍顺序在陈述产品特点、优势、利益。可是，为什么顾客根本没有兴趣听完这套陈述?

我们来做一个分析：

在不清楚客户需求之前，如果每款车的 FAB 都给顾客陈述一遍，大多数顾客都会很烦，不愿意听。如果顾客的需求是追求的是操纵性和舒适性，那么 X 车和 Y 车的 FAB 的讲解对顾客而言都是很难引起她（他）的兴趣的，甚至还没有等到推销员介绍 Z 车，就快快不快地离开了。

厂家、渠道、终端营销人员，甚至跨国公司的培训系统都习惯于从产品的角度去介绍推荐，这是一种理性的顺序，更是很多公司奉为规范的模式。然而，按照这种顺序，顾客的需求就不能在第一时间得到明确，不能得到优先沟通，带来的后果有三种：

一是恰好推荐的是顾客感兴趣的车，比如产品有 6 个特点、优势、益处，营销员介绍完产品 6 个 FAB 后，顾客只对其中 2 个特点感兴趣，另外 4 个 FAB 介绍就是不必要的，从营销成本考虑也是“不经济”的，因为它对成交的贡献微乎其微。

二是恰好推荐的是顾客感兴趣一般的车子，比如产品有 6 个特点、优势、益处，但是顾客没有耐心听完，所以还没等到营销员介绍到顾客感兴趣的那 2 个 FAB 时，顾客就失去了耐心，营销员也没有机会接着往下说了，推销被迫终止。

三是推荐的品牌顾客根本没有兴趣，这时候顾客更加没有耐心听这个品牌的 FAB。

所以针对这些问题，我们应该研究 BAF 营销法的顺序，在研究营销案例中发现，成功的营销员在与顾客沟通、推荐产品时，大都是在按 BAF 的顺序进行，恰好和 FAB 相反！所以：BAF 营销法则，应反其道而行。

终端营销员可以采用的方式是：用中性的试探性的问话在不引起顾客反感的前提下迅速捕捉客户的需求，然后再深入介绍能够满足这个需求的“B”，接着才是介绍这个产品之所以能够满足需求的“B”的不可替代性“A”，最后才是水到渠成的这个产品的“F”。此时顾客对这个产品的 F 才会有兴趣听，才听得进去，才会深信不疑，产生进一步沟通的欲望。

比如：

营销员：“现在女装都很讲究款式搭配的，这个品牌的款式最丰富了。”

顾客：“款式搭配重要，但是产品质量更重要，特别是服装，要是穿不过几天就破了，那才不划算呢！”

营销员：“对，对，所以我们这个品牌才最畅销，它质量很好，口碑很好的，很多人来指名要这个品牌产品。”（同意顾客的看法并做出附和，这很容易拉近彼此距离，让顾客产生“她和我的看法类似！”的想法。）

顾客：“哪个品牌？”

营销员："它不会起球、不会缩水，面料是同行业中最好的。"（故意延迟答复，同时追加一句，引起顾客的兴趣和好奇心。）

顾客："哦？那肯定很贵了？"

营销员："呵呵，正如您刚才说的，如果穿不了几天就破了，重新买不但费钱，还浪费时间，破坏心情。不如一次性下个决心，买一款好的，一劳永逸。其实价格比较实惠，甚至比其他品牌的同类产品还便宜。"

顾客："是吗？我看看。"

顾客走进服装店，一般不会说"我需要服装的面料里含防水材料""我需要服装的面料是全棉的"等这一类与"F"相关的内容。大多数顾客会这样描述："我需要一款女人味一点的服装。""我希望选择一款色彩款式特别点的T恤来突出我的个性。""我觉得不管外套还是内衣，最重要的是实惠，还要讲究质量，还有服装的时尚流行度对我是最重要了"……

（3）探究顾客的需求

因此，怎样从"B"的角度探索清楚顾客的需求就成了与顾客沟通成功的第一步。这当然是最难的一步，需要有迅速判断顾客类型的能力、瞬间把握顾客心理的能力、灵活应对变化的能力。最有效的就是通过探索型问题来探测顾客在乎的"B"，以下列举几种方式供参考：

① 探索风格偏好：

"我们这里有几种风格的汽车，您喜欢哪种风格，运动的，个性的，还是舒适的？"

"我前天给我亲戚推荐的是这种风格的，不知您是否喜欢？"

"我现在开的是这款车，一起玩的朋友都说性价比不错。"

② 探索购买预算：

"不知您喜欢什么颜色的，比较亮丽的，还是稳重一点的？"

"您更喜欢选择什么样的款式？"

顾客一般不喜欢直接回答"便宜的还是中等价格的""要比较个性化一点的"这一类太直露太功利的问题，也不喜欢回答"心理价位""预算购买"这一类敏感性问题。我们有时候要旁敲侧击，比如谈及"风格"、"颜色"这一类中性温和看似不功利的话题，一般而言，顾客会从容回答，"价格一般就可以，外观大气就好"。顾客的回答中，会有一些附加信息，诸如"价格一般""外观大气"之类就可以初步判断出其预算购买和风格，甚至进而了解顾客的心理，增进沟通，促进成交。

【作业】：请各组对六方位绕车介绍法进行演练。

请使用FAB产品介绍法举例介绍车辆的后备箱和驾驶室。

任务2－3 试乘试驾

营销流程的试车步骤是客户获取车辆第一手材料的最好机会。在试车过程中，营销人员应让客户集中精神对车辆进行细致的体验，要避免多说话。营销人员可以针对客户的需求及购买动机来做必要的解释和说明，以增进客户的信任感。

一、试乘试驾常见问题和解决对策

（1）常见问题

【案例】

培训老师：我先问大家一个问题，就是我们在给客户做试乘试驾时，是怎样安排的？

学员甲：我们在向客户做介绍时，通常会向客户发出试乘试驾的邀请。客户同意后，我们就带他去绕一圈。试乘试驾结束后我们会问客户怎么样？客户一般都这样说："还可以"或"不大好"等。

培训老师：你们呢？

学员乙：我们也是，特别是活动结束后，客户的兴趣好像没多大提高，对营销也没有什么明显的帮助。不知道问题出在哪里。

培训老师：好，谢谢大家。通过与大家的交流，发现其原因大概有这么几点：

① 可能是没有规范的"试乘试驾的流程"（没有）；

② 也有可能是没有执行好"试乘试驾的流程"（有，但没执行好）；

③ 也有可能是在试乘试驾的过程中没有互动好，没有让客户参与、体会、评价和确认其所关心的问题等。

由于上面这几点没有做好很有可能让你白忙一场。那么，如何来解决这些问题呢？

（2）问题的解决之策

有效的方法是建立试乘试驾的规范流程。

试车准备。要把准备工作做好。首先要把需要的车提出来在指定的位置放好。因为这辆车不同于公司里面正常使用的车，只要客户有要求，你要随时满足客户的要求。由于每个客户开车的习惯都不一样，有的脚重，有的脚轻；有的开车技术好一些，有的开车技术差一些。因此一定要在每一次试驾之前，对车况全面检查，确保工驾车辆处于最佳状态。

试车前的产品介绍。客户来了之后，先给客户对车作一静态的介绍，注意这个客户观察什么，在意什么，把这些内容集中起来，在车辆开出去之前再给客户作一交代。

营销人员驾车。为了保证客户的案例和对车况有一个全面的了解，营销人员先于客户之前驾车五分钟，或者驾驶多少米，确认没有问题后，把车靠边停下，然后把客户换上来。

客户驾车，自我感受。客户根据营销人员的静态介绍和自己感兴趣的问题作亲自体验，通过体验和感受对问题一个个做出确认。

客户确认。经过客户确认后，认为所有问题都解决了，有的客户就当场签约成交，有的可能回去之后还要再琢磨琢磨，需要营销人员进一步与其保持联系。

二、执行流程与客户的参与和确认

营销人员在陪同客户完成了试乘试驾之后，如果客户仍没有产生实质性的购买欲望，其症结在于营销人员没有主动地去问他，没有对客户关心的问题做出详尽的解释。所以，你在执行这个流程的时候，一定要让客户参与确认。

（1）试车准备

① 试车准备阶段注意事项。规划试车路线，使客户有足够时间来体验车的性能，熟悉度喜欢这部车必须按照规定路线行驶，确保行车安全。事先安排好试驾路线，有可能的话，最好选择车流量较少的平坦路面，同时再选一些坑洼、爬坡路段等不同的路面，增加客户的适应性，以舒适、安静为原则，时间控制在15分钟左右。

② 试车车辆的选择。选择一部已被客户基本确认、与客户的要求与愿望基本相近（如果不能完全符合的话）的试车车辆。车况保持最佳状况，车辆加贴试乘试驾标志，CD换碟盒中装有CD，车内有脚垫。其他要求参照管理规范要求的相关内容执行。

③ 保持车内外清洁、各项功能正常和有足够的油料使用。

④ 试车车辆要保全险。

⑤ 客户必须持有国家规定的C级或C级（新照C1、C2、B1）以上的机动车驾驶证，才能亲自驾驶相应的试车车辆。

⑥ 根据试车要求登记《试乘试驾登记表》，依次安排试驾。

⑦ 准备好并签订《试乘试驾登记表》。协议书具体内容由专营店自行编写，明确界定双方的权利和义务，以规避不应承担的经济、法律责任。

⑧ 准备好《试乘试驾登记表》，请客户填写。

（2）试乘试驾前的产品介绍

营销人员应主动邀请客户试车；充分了解客户的背景资料，如职业、现有车辆、驾照确认等；了解客户的真正需求，以便确定车辆介绍一主要方向。

填写“试乘试驾登记表”。

针对客户的需求作适当的车辆介绍，并想方设法引导客户一起参与，以使客户对车辆有一定的认同和爱好。例如，营销人员在介绍产品过程中可以这样引导客户参与。

利用任何的焦点去引导客户的感觉，可以把客户的兴奋点充分地调动起来。商品本身是无感觉的，要通过你的绘声绘色的解说让产品变得鲜活起来。如果你解说的过程中没能让客户体会到你所叙述的感觉，那你的介绍就是失败的；如果能通过你的有声有色的语言，慢慢地引导，把客户的感觉调动出来，客户就会继续他的购买行为，你的解说就是成功的。

开启发动机盖，将本车的发动机有别于其他发动机的特点简要地介绍给客户，以吸引客户。如曾经获得大奖或动力澎湃或消费者喜爱或发动机室排列整齐等。

上车前，示范操作高灵敏度的遥控式安全中控门锁，一门解锁并将四门车窗和天窗降下和打开，展示其活动自如。如果是在冬天，则要事先调好适宜的车内温度。

（3）营销人员驾车介绍

营销人员在驾车前，要让客户意识到该车符合他的购买要求。启动车辆后，营销人员根据各车型的特点对车辆进行静态评价说明。同时概述试乘试驾行车路线和进行必要的车辆操作说明。说明转向灯、雨刮器和仪表盘使用方法；说明座椅、方向盘等调整方法；说明自动变速箱、排档锁等使用方法。

【案例】

一家人来参加试乘驾活动，丈夫坐在前面开车，他太太抱着孩子坐在后面，副驾驶位坐的营销人员。车开到路口遇红灯，他一脚刹车踩下去，那个车本来刹车就硬，结果他太太抱着的孩子的脑袋磕在了前面的“头枕”上，孩子哇地就哭了起来。夫妻俩本来是高高兴兴来的，结果为这事在车上就吵了起来，弄得不愉快。

因此，在试乘试驾时，营销人员在上路之前一定要做一个静态的介绍。客户坐上车以后，让他先别急于上路，先试一试油门的感觉、刹车的感觉、档位的感觉。如有的倒档位置在前面，有的车则在后面。如客户不仔细地问清楚、看清楚，而是按自己的习惯动作把本该在前面的倒档位死命地往后挂，能挂进去吗？越挂不进去越着急、越使劲，结果只听见车的那个齿轮喀喇喀喇在咬合。直到营销人员提醒他后方才醒悟过来。所以，一定要让客户先了解清楚，不然容易出事故。

（4）客户驾车与客户感受

注意：

① 试驾时，可以播放客户喜爱的音乐，音量大小适中，营造轻松愉快的气氛。

② 注意上下车的礼仪及座位安排的艺术，让客户感到被尊重。

③ 以简洁的话语交谈为原则，避免客户驾车分心，确保行车安全。

重要提醒：千万别忘了让客户亲自参与和确认。

（5）客户确认

试乘试驾结束后，必须针对客户特别感兴趣的地方再次有重点地强调说明，并结合试乘试驾中的体验加以确认。对客户试驾时产生的疑虑，立即给予合理的和客观的说明。趁客户试驾后对车辆的热度还没有退却之际，趁热打铁　自然促使客户签约成交；对暂时不能成交的客户，要留下其相关的信息及时与客户保持联系。最后与客户道别。

由此可见，建立规范的“试乘试驾流程”是很有必要的。而认真地执行好该流程，则是“试乘试驾”活动的有效保证。它不但是你汽车营销企业（专营店）整体素质的体现，也是客户所欣赏和所要求的。客户一旦高兴了，你的事情也就好办多了。

三、试乘试驾合同结构与内容

某车辆试乘试驾合同

甲方（试驾人）：　　　　身份证号码：　　　　电话：　　　　地址：

乙方：【请在此处填写我方项目公司名称】　　　　地址：

甲方为体验车辆性能向乙方提出试驾申请，乙方同意提供试驾车辆，双方就此达成如下协议：

（1）试驾车信息

① 试驾车型为：　　　　，车牌号：　　　　。

② 陪驾人员姓名：　　　　，职务：　　　　。

试驾开始时间：　　　　，开始里程表数：　　KM。

试驾结束时间：　　　　，结束里程表数：　　KM。

（2）试驾区域及时间

① 双方约定在【请在此处叙明试驾路线和区域或附图】区域进行本次试驾。

② 双方约定本次试驾时间为____________________。

（3）双方确认

① 甲方提出的试驾申请仅为体验车辆性能，双方确认甲方申请试驾行为与乙方的营销行为无关，甲方试驾后有权向任何车辆经销商继续了解该品牌车辆情况，有权向任何车辆经销商购买该品牌车辆。

② 试驾车经甲方试驾前认真检测及乙方指定代表测试，双方填写《试乘试驾车检查表》确认。

③ 甲方在试乘试驾过程中应当听从乙方代表的指令，乙方及其代表有权随时终止甲方的试乘试驾。

（4）双方承诺与保证

① 乙方保证试乘试驾车辆为该品牌汽车厂家生产或授权生产的汽车，无安全隐患，适合上路行驶。试乘试驾前乙方已将试驾车的操作、各项功能键的使用及注意事项向甲方作充分说明和提示。

② 甲方应保证在充分了解车辆性能及使用方法后，方可进行车辆的试乘试驾。

③ 乙方保证提供给甲方的试乘试驾车是免费提供，不收取任何试乘试驾费用。

④ 甲方保证已取得机动车驾驶证，具有机动车驾驶资格与能力，且拥有一年以上的实际道路驾驶经验。甲方应向乙方提交机动车驾驶证及身份证复印件，甲方承诺在试驾过程中遵守交通法律、法规，安全驾驶，不得超出驾驶证准驾车型范围，谨慎行车并爱护试驾车辆。

⑤ 甲方保证试驾时自身无交通法规限制驾驶机动车情形，包括但不限于未饮酒及未饮用其他不适宜驾驶机动车的饮品、药品，无疲劳驾驶等情形。

⑥ 甲方保证试驾过程中，试驾时速最高不超过试乘试驾路段的限速范围（特别提示：在此不是指平均时速，而是最高时速）。

⑦ 试乘试驾后甲方应完成试乘试驾问卷调查、试驾感受调查、试驾回访等事项。

⑧ 试乘试驾过程中由甲方独立操作试驾车，甲方应专注试驾，遇到任何路况问题独立做出判断；遇到车辆功能使用问题，甲方应当及时采取制动措施，在保障车辆安全的情况下向乙方指定的代表咨询。如遇车辆异常，甲方应及时向乙方代表提出并向乙方返还车辆。

⑨ 乙方已向甲方明确说明试乘试驾存在一定风险，甲方充分认识到试乘试驾的风险性，试乘试驾过程中造成的任何损害后果，甲方自愿承担一切损害赔偿责任，乙方不承担相关责任。

（5）试驾事故处理

① 试驾过程中如果造成交通事故，甲方应当立即向交警部门报警，并保护

事故现场，在保护自身安全的同时采取救助措施，避免损失进一步扩大。

② 试驾过程中发生任何人身损害及财产损失的，甲方应当向相关权利人承担民事赔偿责任。因甲方不履行赔偿责任造成乙方代为向任何第三方先行垫付，则乙方有权向甲方追偿，追偿范围包括但不限于诉讼费、律师代理费、物价评估鉴定费、司法鉴定费、诉讼保全费等实现债权的费用。

③ 因甲方试驾行为造成车辆损毁的，甲方应当赔偿全部修复费用，同时甲方还应当向乙方承担事故导致的价值减损金。如试驾车损毁严重导致车辆不能修复或修复费用过高的（修复费用达到试驾车购车款80%以上的），甲方应当赔偿乙方试驾车购车款。

④ 甲方在试乘试驾过程中，因违反道路交通法律法规导致的违法责任，由甲方全额承担。乙方垫付的，有权向甲方追偿。

⑤ 甲方试驾过程中发生交通事故导致乙方试驾车被交警部门扣押，扣押期间的存车费、乙方取回扣押试驾车所需缴纳的保证金、委托鉴定机构对试驾车进行交通事故车辆技术检验的鉴定费等因甲方试驾事故引起乙方额外支付的其他费用均由甲方承担。

（6）争议解决

本合同发生争议双方应当友好协商解决，协商不成的，交由乙方住所地人民法院诉讼解决。

（7）其他约定

合同附件《试乘试驾申请书》《试乘试驾车检查表》为本合同重要组成部分与本合同具有同等法律效力。

甲方已认真阅读以上合同条款，并充分理解各合同条款含义。甲方再次承诺，已取得机动车驾驶证，且拥有一年以上的实际道路驾驶经验。

甲方签名：　　　　　　　　　　乙方：

日期：　　　　　　　　　　　　日期：

【作业】：请简述试乘试驾流程。

任务2-4　处理客户的异议

为了避免在营销流程中的协商阶段（也称为处理客户异议的过程）使客户产生疑虑，对营销人员来讲，很重要的一点是要使客户感到他已了解到所有的关键信息并清楚了解了这些重要步骤，而不会被隐瞒和被蒙骗。

如果营销人员已经清楚客户在价格和其他条件上的要求，然后编制商谈备忘，那么客户将会感到他是在和一个诚实而值得信赖的营销人员打交道，营销人员确实为他的实际需求和所关心的问题作了全盘考虑。

一、异议的产生不可避免

在实际的营销过程中，营销人员经常会遇到来自客户的各种异议。

许多营销人员都认为应对客户的异议是一件比较头疼的事情，苦恼多。但是作为一个汽车营销人员应该了解：汽车是一个特殊的商品，客户向你提出异议，恰恰是营销的真正开始。

只有了解客户的异议，你的营销才有意义，你的水平才会提高。

有异议是正常的，没有异议反而是不正常的。这一点在我们汽车营销过程中可以说是不可抗拒的普遍现象，营销人员必须勇于面对。

客户的异议也是提醒营销人员在营销的过程中，可能还有没有完全了解客户的某些需求，或者有内容表达的不清楚，没有完全被客户理解，所以说异议也是营销人员调整下一步营销工作的一个指导思想。

二、客户异议的种类

（1）真实的异议

价格太高

我们最常遇到的异议就是价格问题。客户只会强调产品价格高，这是共有的人之常情的自然反应。在商业思维中，营销人员要明白客户的标准反应模式就是拒绝。

质量问题

一方面是从新闻媒体、社会传闻得到的有关质量方面的信息；另一方面是从竞争对手那里受到的贬义信息以及对营销人员所做的有关汽车质量的解释或说明有意见。

售后服务担心

很多客户担心售后服务不够周到，更谈不上服务质量了。而且还担心技术是否能够解决问题。

交易条件

如付款方式、交车时间、赠送的物品、折扣、让利幅度等。

对汽车公司的不满

对营销人员的不满。客户见到营销人员时可能会因为态度不好、敷衍了事、技术生疏、轻视客户等等而产生不满。这样可能会将不购买的理由转移到营销人员身上。

（2）虚假的异议

客户用借口、敷衍的方式来应付营销人员，目的就是不想和营销人员进行实质上的洽谈，不是真心实意地介入到营销活动中来。

客户可能提出很多异议，但这些异议并不是他们真正在乎的地方，如这车价格太高；这车外观不够时尚；提出非常过分的要求；属于客户的隐形异议，通常表现在不愿说；坚持自己的错误观点等。

三、产生异议的原因

（1）客户的原因

① 拒绝改变

由于意向客户是一个独立的主体，有自己的见解和思维。在营销人员没有取得客户信任之前是不可能将其改变的，在这种情况下能够说服和改变的只能是客户自己的认知在实践检验之后的转变。

② 情绪处于低潮

客户的心情也是客户异议产生的一个原因。在洽谈之前应该了解客户的心情如何。

③ 没有意愿

客户的意愿感觉没有完全被激发出来，你的绕车介绍和试乘试驾活动就不会成功。

④ 无法满足客户的需要

客户的需求不能得到充分的满足，因而无法继续买卖的行为。

⑤ 预算不足

汽车的最终售价与客户的心理价位不符，客户的预算不足或客户目前暂时缺乏资金支付；能力或遇到按揭付款等方面的麻烦而产生价格上的异议。

⑥ 客户抱有隐藏式的异议

客户抱有隐藏异议不愿说时，也会提出各样的异议，如“听说这款车油耗很大，动力也不足”“车身比 XXX 短，空间怎么会大呢”等等。

（2）营销人员的原因

我们的营销人员也要自我检查一下是否存在一些问题：

自身的行为举止和态度是否会让客户反感；

夸夸其谈，客户怀疑不真实；

与客户发生争执、抬杠；

对客户没有给予应有的尊重；

说得太多，听的太少；

故作姿态，让客户难堪；等等。

事实上，营销人员在与客户交流的过程中，一旦让客户感到不愉快，轻者，客户会马上提出许多主观上的诸如这也不好，那也不喜欢等“虚拟”的异议；重者，则会马上撤离，终止在你这里的买卖行为。

因此，如果我们的营销人员自身能够做得很好很到位，避免发生上述情况，实际上可以减少许多客户异议的产生。

四、正确认识客户提出的异议

实际上，客户提出异议就是表明他有需求。如果客户沉默不言，营销人员就更加不清楚客户的心事，就无从着手解决问题。因此客户提出异议是好现象，客户的异议暗示客户已经对商品产生兴趣。

有了正确的态度，再用正确的方法就能把事情做好。面对客户提出的异议，希望营销人员能够认真对待。

① 异议是宣泄客户内心想法的最好反映；

② 异议经过处理可能缩短订单的距离；

③ 没有异议的客户才是最难处理的客户；

④ 将异议视为客户希望获得更多的信息；

⑤ 有异议表示客户仍有求于你。

总之，营销人员要建立处理客户异议的正确观点。优秀的营销人员既能够减少客户的异议，又能防范客户异议的产生，这应该成为每一个营销人员的奋斗目标。

五、处理异议的方法

1. 应对客户异议的方法

(1) 对客户异议进行确认

营销人员的确认是了解客户提出异议的真实原因，判断客户的异议是属于条件反射的自然反应，还是属于真实情况。针对不同的情况，营销人员可以采取不同的应对方法。

(2) 对客户异议进行防范

营销人员在面对客户异议时，要做好两件事：①判断客户异议的真假；②针对不同的情况，预设应对的答案。这样，营销人员才可能处理好客户的异议。

2. 处理客户异议的原则与技巧

在处理客户异议时，必须坚持三原则、五技巧。

【三原则】

1. 正确对待

虽说客户的异议是营销的主要障碍之一，但是汽车营销中很少有客户不提出“异议”的，所以营销人员必须勇于面对这一普遍存在的现象。

2. 避免争论

营销人员在回答客户的问题或异议时常常会产生争论，这种现象是经常会发生的。所以我们应该牢牢记住：无论客户怎样挑毛病，无论怎样反驳你，甚至即使他的话是错误的，你也不要与他争论。自己先要冷静下来，待客户“降温”后再适当地加以陈述。

3. 把握时机

在客户说的话语中，有的是正确的，有的是自编的、听来的、没有依据的。你得让他说，在他说的过程中，及时发现那些不正确的“异议”，这样就会变被动为主动。

【四技巧】

1. 认真倾听

“万事总有因”。首先要弄清客户的“异议”的真实来源和客户的真实目的。要弄清这一点就必须保持沉着、镇定、认真、仔细地听完客户所说的细节，弄清原因才好对症下药。

2. 重复问题和认同回应（这是2、3个技巧）

与第一点认真倾听相结合，目的在于通过重复客户“异议”提出问题或即使的认同回应等动作来达到①让客户“降温”；②让客户感觉到你在关注他提出的问题；③缩短客户与你之间的距离；④找到客户“异议”的真实来源和真实的动机。

3. 提出证据

弄清客户“异议”的真实来源和真实目的后，向客户出示相关的我公司的资料、数据和竞争车型等的对比资料等证据。相信客户在证据面前是会认同正确的观点。

4. 从容解答

依靠公司具有的大量相关资料的支撑和对客户异议的真实了解，再加上个人的自信，有理有据、从容不迫、不伤和气地向客户一一解答。

1. 处理价格异议的步骤

针对不同的价格异议原因，营销人员具体处理方式也有区别。但不同的处理方法却都遵循一个共同的步骤，即：弄清、缓和和解答。

弄清就是面对客户提出的价格异议，营销人员首先要弄清客户价格异议的来龙去脉。通过倾听、询问，搞清客户认为价格高的理由以及客户提出价格异议的目的，以便营销人员调整策略，对症下药。

缓和就是在弄清客户真正的价格异议之后，营销人员要缓和客户的情绪。面对客户想购买到最低价的商品这一个期望时，营销人员不可能无限制的降低价格满足客户要求。为解决这一矛盾，营销人员需要缓和客户与自己的对立心态。先认同他的观点，重复他的意见。可以说“我能够理解您的心情”等缓和性的语言。

解答就是提出证据，婉转解答。即使客户真的错了，你也不能“理直气壮”。

2. 处理价格异议的策略与方法

向客户介绍汽车产品的时候，客户一般都会说这个车的价格高，这也是在汽车营销过程中遇见最多的问题，营销人员如果与客户就价格展开讨价还价的争论，那简直就是在浪费时间。所以，营销人员一定要把客户引导到认识这辆车的价值上来。

当客户提到价格他还是不能接受的时候，我们要学会价值比较方法。告诉客户一分钱一分货，让他了解价格与价值之间的对应性。能否正确地把握处理异议的最佳时机是考察营销人员能力和素质的重要条件之一，也是营销人员必练的基本功。

1. 忽视法

对于无关紧要的异议，客户并不是真的要解决的异议。

2. 反问法

反问法可以赢得时间，获得更加精确的信息，可以判断顾客异议是否由顾客自己所造成，可以引导顾客自己否定自己的异议。

3. 缓冲法

注意顾客不会接受一个对立的观点。在使用时，对顾客的观点进行延伸和补充。

例如：

顾客："我听说你们车的油耗比较高。"（这其实是一个误解）

错误的应对："我们车的油耗一点都不高……"

比较理想的应对："看来您已经花了一些时间去研究我们的车，我非常理解您这么说，如果我给您做个测试，您就不会有这种想法了……"

4. 转化法

利用负面的异议，转化成营销顾问正面的观点。

例如：

顾客：这车轮胎好像窄一点。

营销：抓地力足够的情况下，轮胎窄可以更省油。

5. 预防法

预防可能出现的异议，做到防患于未然。车身重开起来当然更平稳，但您一定担心耗油会增加，是吧？

6. 补偿法

承认自己产品某方面的劣势或竞争对手的优势，积极用自己产品优势来弥补。"虽然缝隙稍大一点，但这款车的隔音做得很好，您不妨试试看"。

7. 证明法

陈述第三者的评价和观点，利用顾客的从众心理。

例如：①待会我们去试试您就知道我们车子加速好不好了。

②您可以向我们已购车车主了解有关情况。

8. 主动法

为了发现问题故意激起顾客异议，主动提出顾客肯定会提出的异议。你是否对我们的产品质量还有些不放心？

9. 延缓法

延缓太早或不便于回答的异议，给出延缓的理由，向顾客表示已经注意他的异议。

例如："价格当然很重要，但您更应该选个您喜欢的车，等您真的认为这车适合您的话，我们再详细谈谈价格，您看好吗？"

"我在等会介绍产品时再向您重点解释。"

10. 衡量法

本・富兰克林法好处坏处法。主要用于价格商谈时。

例如：我们车虽然没有……，但是我们多出……配置，您觉得是不是更划算呢？

异议处理的典型错误：

（1）直接反驳

“不”“那不是正确的”“我闻所未闻”“让我来告诉你事实是这样的”“您这样看问题的方法是错误的”。

（2）无端指责

“您应该更仔细地阅读用户手册”。“如果我是您，我会再看看说明书”。“如果您是内行，您就应该知道”。

（3）自我狡辩

“我已经尽力了”“你必须信任它”“对此我无能为力”“我已经说得够清楚了”。

（4）盲目同意

“您是对的”“完全同意”“非常正确”“非常同意”。

（5）轻视

“究竟是谁告诉你的”“我不知道您从哪里听来这些”“在您的位置上，您不得不这么说，是吧？”

（6）总结

顾客说“不”的时候，实际上是真正营销的开始的时候。处理异议不但需要专业的处理方法和技巧，更需要良好的心态。异议处理贵在诚恳实在，切忌油嘴滑舌，贵在结合顾客需求，切忌强人所难。

【案例分析】

一条街上有三个水果店。

一天，有位老太太来到第一家店里，问：“有李子卖吗？”

店主见有生意，马上迎上前说：

“老太太，买李子啊？您看我这李子又大又甜，还刚进回来，新鲜得很呢！”

没想到老太太一听，竟扭头走了。

店主纳闷着，哎，奇怪啊，我哪里不对得罪老太太了？

老太太接着来到第二家水果店，同样问：“有李子卖吗？”

第二位店主马上迎上前说：“老太太，您要买李子啊？”

“啊”老太太应道。

“我这里李子有酸的，也有甜的，那您是想买酸的还是想买甜的？”

“我想买一斤酸李子”

于是老太太买了一斤酸李子就回去了。

第二天，老太太来到第三家水果店，同样问："有李子卖吗?"

第三位店主马上迎上前同样问说："老太太，您要买李子啊?"

"啊"老太太应道；

"我这里李子有酸的，也有甜的，那您是想买酸的还是想买甜的?"。

"我想买一斤酸李子"

与前一天在第二家店里发生的一幕一样；但第三位店主在给老太太秤酸李子时，边聊道："在我这买李子的人一般都喜欢甜的，可您为什么要买酸的呢?"

"哦，最近我儿媳妇怀上孩子啦，特别喜欢吃酸李子。"

"哎呀！那要特别恭喜您老人家快要抱孙子了！有您这样会照顾的婆婆可真是您儿媳妇天大的福气啊!"

"哪里哪里，怀孕期间当然最要紧的是吃好，胃口号，营养好啊!"

"是啊，怀孕期间的营养是非常关键的，不仅要多补充些高蛋白的食物，听说多吃些维生素丰富的水果，生下的宝宝会更聪明些!"

"是啊！哪吃哪种水果含的维生素更丰富些呢?"

"很多书上说猕猴桃含维生素最丰富!"

"那你这有猕猴桃卖吗?"

"当然有，您看我这进口的猕猴桃个大，汁多，含维生素多，您要不先买一斤回去给您儿媳妇尝尝!"

这样，老太太不仅买了一李子，还买了一斤进口的猕猴桃，而且以后几乎每隔一两天就要来这家店里买各种水果了。

点睛：

这三个水果店的店主代表了三种不同的销售人员：第一个店主是一个不合格的销售人员，只是一味地告诉客户自己的产品如何好，而不了解客户需要什么?第二个店主是一个合格的营销人员，懂得通过简单的提问，满足了客户的一般需要。而第三个店主可以说是一个优秀的销售人员，他不仅仅了解和满足了客户的一般需求，而且还挖掘创造了客户的需求——需求背后的需求，在这个阶段，销售人员已经从以前的拼价格转向做客户信赖的顾问，帮助客户分析问题，解决问题，获得客户的信任，作为回报，就会获得客户的订单。

项目二考核

本次考核项目二向顾客介绍新车，分小组进行考核，五人一组，共四组。考核内容为六方位绕车介绍法+FAB介绍法来介绍新车。

要求各组分工进行介绍，各组提交一份介绍车辆的书面材料。

项目三　完成新车交易

营销人员经过不懈的努力，开始进入与顾客成交的阶段。优秀的营销人员都遵循一定成功的方法和步骤，优先于其他竞争对手与客户成交。在营销流程中成交这一步骤最重要的是如何让客户更加主动，并留出充分的时间来让客户做决定，不断增强客户的购买信心。营销人员应对客户发出的购买信号十分敏感，灵活地运用签约成交技巧，顺利地引导客户达成交易。如图 3-1 所示。

图 3-1　介绍新车

本项目共有四个任务，具体见表 3-1 所示。通过教学使学生掌握价格商谈的技巧和方法、交车的流程。项目最后分组进行考核，考核方式为情境演练。

表 3-1　商谈技巧和方法、交车流程

	项目三　完成新车交易	内容
1	任务 3-1　何时开始价格商谈	正确认识价格商谈；购买阶段分类、购买信号
2	任务 3-2　价格商谈技巧	初期商谈技巧、中期商谈技巧、后期商谈技巧、实用成交技巧、成交阶段的风险防范
3	任务 3-3　应对刚进店砍价、电话砍价、竞争对手报价	应对刚进店砍价、电话砍价、竞争对手报价

（续表）

	项目三　完成新车交易	内容
4	任务 3-4　交车	交车时客户的希望和担心；交车流程、交车前的准备、车辆与相关文件的交接和确认
	项目二考核	情境演练

表 3-2　汽车营销策略教案一

<table>
<tr><td colspan="2">标题：任务 3-1　何时开始价格商谈</td></tr>
<tr><td colspan="2">教学目标：
通过教学使学生掌握汽车营销价格商谈的时机。</td></tr>
<tr><td colspan="2">教学重点及难点：
重点：①购买阶段分类；②购买信号
难点：判断客户发出的购买信号</td></tr>
<tr><td colspan="2">教　学　内　容　（教 学 时 数：2）</td></tr>
<tr><td>内容：
① 购买阶段分类；
② 客户发出购买信号
该任务为向学生介绍价格商谈时机的有关知识，采用“讨论＋讲授＋案例＋演练”多种教学方法，使学生能分清购买阶段，能判断客户发出购买信号的真实性。</td><td>备注：</td></tr>
<tr><td>作业、讨论题、思考题：
请用自己的话阐述如何分辨客户发出承诺购买的真实性。</td><td></td></tr>
</table>

任务3-1　何时开始价格商谈

第一节　正确认识价格商谈

【情境导入】

你正在进行房屋的装修，于是你来到了建材市场，准备购买用来铺房间的地板……你会与卖地板的营销商讨价还价吗？你会货比三家吗？你最终买的地板一定市场上最便宜的吗？交易最终能否达成，多数情形是由价格来决定吗？

（1）关于价格商谈

① 顾客要求进行价格商谈，意味着顾客感兴趣，顾客有成交的可能。

② 价格商谈是对一个营销人员素质的全面考验，绝不仅仅是“讨价还价”。

③ 价格商谈没有所谓的输赢，只有比较符合谁的需求和利益。

④ 价格商谈绝对有原则和技巧，通过不断的反复的学习、实践、交流和总结一定可以提高成功率。

⑤ 成功的商谈，双方都没有损失。

⑥ 保持价格稳定：“一个好的营销代表必须为他的价格而战。”“不会谈车的人只会谈价。”营销员要对过分的折扣要求明确地说“不”。作为营销，不主动提及折扣。

（2）双方争夺的目标

① 顾客想付得越少越好，营销代表则想赚得越多越好。

② 顾客认为不讨价还价就会被营销代表欺骗。

③ 顾客并不完全了解他将要购买产品和服务的全部价值。

④ 顾客可以从众多的经销商和营销代表那里买到产品。

⑤ 顾客：以最便宜的价格买到最合适的车。

⑥ 营销顾问：以顾客能接受的最高的价格卖出车；同时，让顾客找到“赢”的感觉，以最便宜的价格买到最合适的车。

价格和价值

价格	＞	价值	太贵了
价格	＝	价值	物有所值
价格	＜	价值	很便宜

建立价格与价值之间的平衡，是所有价格商谈的目标所在

（4）关于砍价

① 客户砍价心理：贪小便宜；怀疑，对营销人员不信任；过去的经验、害怕被骗；货比三家不吃亏；买得便宜可以炫耀；听信他人的言语；与竞争品牌的比较；单纯的试探。

② 顾客砍价的用语：优待多少？折扣多少？送什么精品？降的太少了，再多一点我就买？别家都可以，你们为什么不行？朋友刚买，可以便宜多少？算便宜一点，以后我会帮你介绍客户；服务没关系，只要便宜就好；一次买多台，可以便宜多少？

③ 面对顾客砍价时心态：顾客砍价是必然的，一定要沉着应对；判断客户砍价的主要原因；极具耐心的全力说服，务必要在和谐气氛下面对；思考各种处理方法。

营销代表对折扣的反应，可以看出他的专业水准。对营销成功起决定作用的绝对不是没有任何争取的让步。价格商谈不是让步，价格商谈是改变局面。

（5）营销人员为何会被砍价

① 产品知识了解不足，价值塑造不够。

② 不了解（缺乏）竞争对手咨询。

③ 对市场的动态咨询了解不足。

④ 缺乏专业的气度、气势。

⑤ 自信心不足。

⑥ 担心拒绝和失败，那就是顾客说“不”。

⑦ 自己对产品和价格没有信心。。

⑧ 不断地面对折扣的需求，相信只有更高的折扣才会有机会。

⑨ 认为顾客最关心的和唯一关心的就是价格。

（6）价格商谈的原则

① 准确把握价格商谈的时机。

② 价格商谈的前提条件：取得顾客的“相对购买承诺”。

③ 价格商谈成功的重要因素：充分的准备。

④ 必须找到价格争议的真正原因。

⑤ 价格商谈的目标：双赢。

【情景 1】顾客如果没有承诺当场签单付款

如“底价你都不肯报，我就不到你这里买了”，“你价格便宜，我下午就过来订”……

处理方法：

① 不要进行实质性的“价格商谈”。

② 不要受顾客的胁迫或诱惑。

③ 不要怕因此而流失顾客。

④ 可告知公开的“促销活动”内容。

⑤ 否则，成为牺牲品（垫背）几乎是注定的，因为顾客将拿你的底价再去压其他经销商给出更低的价格，或下次再来的时候在本次的基础上再压低。

【情景 2】顾客如果没有承诺当场签单付款

① 如果顾客还没有最终确定车型，让顾客考虑成熟了再过来。

订车：“我这两天再提供一些信息和资料给您参考一下，您比较一下，定下来买我们这款车后，您过来订车，我保证给您最优惠的价格”

② 如果顾客已经确定了车型，但要比较几个经销商的价格，就给顾客一个“优惠价格承诺”“保证您满意我们的价格”“除了价格让您满意之外，我们还有这么好的售后服务站”……

【情景 3】顾客如果承诺当场签单付款

如“你价格合适，我今天就定下来。”

处理方法：确认顾客承诺的可信程度：顾客是否具备了签单付款的条件？如果不是，那么顾客的承诺极可能是虚假的！

① 顾客是否具备了“营销三要素”？

② 顾客是否已经“设定购买标准”？

③ 顾客是否已经发出了“购买信号”？

只有确认顾客的承诺是诚心的，才是开始价格商谈的时候！

第二节 客户发出的购买信号

一、购买阶段分类

（1）想要购买的阶段：来看车的顾客

客户表现 1：仅仅想要一本型录，但是不能确定喜欢的车型。

营销要搞清楚：是否已经决定买车？

（2）设定购买标准阶段：来选车的顾客

客户表现 2：想要看看某一确定的车型。

营销要搞清楚：是否决定了买什么样的车？

(3) 成交阶段：来买车的顾客

客户表现：想要商谈某一具体车型的价格。

营销要搞清楚：顾客带钱了吗？能当场签单并付款吗？

来买车顾客的判断。

人：相谈甚欢能开玩笑，顾客能主动叫出营销人员的名字。

产品：确定产品定位；喜欢（接受）产品；嫌弃产品。

条件：询问价格，优惠条件；讨价还价。

车色：有什么车色，喜欢什么颜色，确认车色。

交车：交车期多久，贷款的额度，月付款，利率，上牌。

试车：试车满意度。

旧车：旧车的处理。

二、购买信号

所谓购买信号，就是客户做购买决定时在无意中流露出来的信号。顾客的购买信号可分为行为信号和语言信号两种。营销人员可根据下列特征判断成交时机已经成熟了。

(1) 行为信号

根据客户表情

嘴巴微张、嘴边肌肉松弛时；

表现出满意或者接受的表情时；

随着营销人员的话，表情微妙变动时。

根据客户的动作

拿手上的汽车样本资料做笔记，拿出计算器计算，并开始热烈讨论时；

对营销人员的说明开始点头时；

客户突然间点根烟，深呼吸一下，然后沉静下来思考时。

根据现场气氛

客户的反应变得积极时；

对营销人员的态度比平常亲切时；

对决定权以外的人表现出友好的态度时；

客户主动问话时；

营销人员拿出订购合同客户也不说什么时。

（2）语言信号

开始认真地杀价时；

谈及具体的支付条件、赠送品、车身颜色、交货期时；

提出有关保修、售后、各种费用、保险等问题时；

询问第三者意见时。

对已临近成交时机，但还没最终做决定的客户，要去除客户的“担心’和“犹豫”，抓紧时机争取客户“接受”和“满意”，从而促成交易。成交时机不能靠“守株待兔”而要去抓住。但是，在操作的过程中，最好不要让客户有压力的感觉。

如果客户犹豫，可直接询问客户烦恼什么，提出解决客户烦恼的对策。

客户的购买时机还可以通过以下的客户状况做出判断：“客户身体向前倾”，对你的看法表示同意；出现放松和愉悦的表情和动作；不断地审视产品；专心仔细地看样本和合同；询问合同的具体内容和订金数量；指定颜色、要求何时交车；咨询办牌相关事宜；了解按揭、付款手续；提及交车事项、地点；要求详述售后服务和保修期，等等。

作业：请用自己的话阐述如何分辨客户发出承诺购买的真实性。

任务 3-2 价格商谈技巧

【情景导入】“那一夜，青蛙王子要向美丽的公主“求婚”。

王子的担忧：时机是否成熟？对公主形成压力，而遭拒绝？如果遭拒绝，接下来怎么办？公主会不会因此而不再理我了？王子回想，在追求的整个阶段中都与公主核对“她”的需求、获得“她”的同意，那么现在向她求婚是顺理成章的事。

一、初期商谈技巧

（1）抬高价格的好处

① 给自己一些商谈的空间；

② 给对手一些还价的空间，避免产生僵局；

③ 抱着“说不定就能成交了”的心态；

④ 报价稍高，能提升产品或者服务的价值感；

⑤ 最终成交的价格比营销顾问的报价低，能让买主觉得赢得了商谈。

（2）报价的对半法则

探询买主期望的价格，在自己的报价和买主的最初期望中寻求中间点，应用对半法则让步，寻求双方接受的平衡点。如当探寻到买主期望的价格是 9.6 万，营销顾问可以报价 9.8 万，最后达成的价格为（9.6＋9.8）/2＝9.7 万。

（4）千万不要接受对方的第一个提议

若对方要求的某一个期望买价高出你的心理买价，你也千万不能立即接受。否则对手立即会产生“我可以拿到更好的价格。”的想法。

客户同样会觉得此事必有蹊跷；在后来的过程中会不停地挑毛病和要求其他赠送。

（5）适当的时候表现出惊讶的态度

在对手提出议价时表示惊讶。

（注：客户不会认为你马上就会接受他的提议，但是如果你不表示惊讶，等于告诉对方他的价格你愿意接受）；

如果你毫无惊讶的神情，对手的态度会更加强硬，附加条件会更多。

（6）扮演勉为其难的营销人员

这是一个在商谈开始之前先压缩对手议价范围的绝佳技巧。

当你使用这个技巧对手会放弃一半的议价范围。

小心提防勉为其难的买主。

（7）适当的时候要做到立场坚定，紧咬不放

以立场坚定的态度应对对方的杀价或超低报价，然后让客户给出一个更合适的报价。如果对方以同样的方法对付你，你应该反其道而制之。

二、中期商谈技巧

（1）借助公司高层的威力

如果客户要求的价格超出你想要成交的价格，你在两次让利之后客户还是要求再让，你可以借助高层的力量，表明自己实在无能为力，将决定权推到上面。

取得客户的相对承诺；让客户表明他现在就有签单的权利。

（2）避免对抗性的商谈

如果客户一上来就反对你的说法，不要和他争辩，千万不可造成对抗的氛围。使用“了解、我明白、我同意、感受到、发现”等字眼来化解对方的敌意。用转化的方法消除对方的抗拒。

（3）抛回烫手的山芋

别让其他人把问题丢给你，当对方这么做的时候，你要探测这个问题的实际

性还是个幌子，永远记住怎样在不降低价格的情况下解决这个问题。

例如：

客户：我比较过其他地方，你的价格比人家的要贵几百块钱。

营销顾问："其他地方报的价格这么低，可是在他的展厅里是实现不了的，一定还包含了其他的附加条件。"

（3）交换条件法

在确认能够成交的基础上如果客户提出更多的要求，你也要提出一些要求作为回报；可以避免客户再提更多的非分要求。

牢记："如果我帮了您这个忙，那么你可以帮我一点忙吗？"

三、后期商谈技巧

（1）好人/坏人法（红脸/白脸法）

当你和两个以上的对象商谈时，对方可能采用这样的方法。

当你和同事一起采用这样的方法的时候，可以有效向你的对手施压，同时还可以避免局面尴尬。

例如：

营销甲：好吧！我最后一次给您申请优惠 100 元，但这是最后一次了，好吗？

营销乙：不能再少了，经理说了，低于九万六的价格就得从你的提成中扣除了。

（2）蚕食鲸吞法

当客户基本决定差不多的时候让他同意之前不同意的事情。

营销人员一定要在最后做出进一步的努力。成交后让客户购买更多的东西。

（3）取消之前的议价

如果客户要求一降再降的话；在最后业务代表要想法取消以前的议价。这个方法很冒险，只有在买主不停杀价的情况下使用。避免正面冲突，要捏造一个上级主管来当红脸。

（4）让步的方法

错误一：避免等额让步，如＄250、＄250、＄250、＄250。这种让步法，会使顾客无休止的砍价，最后影响成交。

错误二：避免在最后一步中让价太高，如＄600、＄400、＄0、＄0；这种让步法，会使客户感觉还有机会砍价，但是营销顾问不降价，最后让他感觉自己吃亏了而影响成交。

错误三：起步全让光，如＄1000、＄0、＄0、＄0。同错误一。

错误四：先少后多　＄100、＄200、＄300、＄400。这种让步法，同样使客户感觉还有进一步砍价的可能。

合适的让价：先多后少，如＄400、＄300、＄200、＄100。先多后少暗示了不能再少了，能有效扼杀顾客进一步砍价的想法。

（5）拟订合同法

在洽谈的差不多的时候借给客户倒茶水的机会离开，再次回到位置上的时候顺便拿上一份合同在自己的手上。有意的给客户解释合同上的条款，往有利的方向引导客户。让客户感觉不好意思不签合同。

四、实用成交技巧

（1）直接请求促成法

直接请求促成法是指营销人员得到客户的购买信号以后，直接提出建议购买的方法。营销人员使用直接请求促成法，可以大大缩短达成交易的时间，从而尽快签约。其实，“直接法”并不意味着简单地提出交易，而是在直接提出建议购买之前，营销人员已经做了大量的准备工作了，是水到渠成、瓜熟蒂落了。

【要点】

① 即使营销人员确定某个交易适合使用“直接法”，也不能操之过急。

② 操之过急就是营销人员在还没有真正确认客户的购买信号时就很急切的提出马上与客户签订合同。操之过急往往会与成功失之交臂。

③ 直接请求促成法特别适合在以下几种情况下运用，效果会更好。

④ 营销人员比较熟悉的老客户或保有客户、或与新的意向客户已经确认建立了互信关系。

⑤ 在营销过程中客户通过语言、行为等方式发出了某种信号。

⑥ 客户在听完营销人员的相关汽车产品介绍后，没有发表异议的观点，甚至对营销人员的介绍表示十分的赞同。

⑦ 客户对某一辆汽车已有好感，购车意向比较明显，但不愿意主动提出成交建议。

⑧ 营销人员在处理完了客户的重大异议之后或成功地帮助客户解决了某项困难时。

⑨ 当营销人员拿着购车合同做试探，而客户没有明显的拒绝反应时。

在使用直接请求促成法时，需要注意避免下列情况：

① 由于直接请求这种语言过于激烈，容易引起客户的强烈反感导致成交失败；

② 如果营销人员在对使用条件的主观判断有误时，客户也会抵制成交。

（2）假设法——假设客户要购买

假设成交法是指营销人员在假定客户已经接受营销建议，同意购买的基础上，通过提出一些具体的成交问题，直接要求客户购买商品的一种方法。

“假设法”常在下面几种情况下使用：

① 已经取得互信的保有客户、新的意向性客户、依赖型客户和性格随和的客户。

② 明确发出各种购买信号的客户。

③ 对现有的汽车型号很感兴趣，并且没有提出什么异议的客户。

④ 虽然提出了这样、那样的异议，但是这些异议已经被有效地解决了的客户。

⑤ 需要注意的是，营销人员在运用这个方法时，如果没有能够捕捉住成交的信号，则会给客户造成一定的购买压力，引起客户的反感，反而破坏了洽谈成交的气氛。如果客户依然无意购买，也千万不要勉强做强行营销，以免给客户留下强人所难的不好印象。

（3）二选一法

运用二选一成交法时，需要注意，营销人员所提供的选择事项应让客户从中做出一种肯定的回答，而不要给客户一种拒绝的机会。向客户提出选择时，尽量避免提出太多的方案，最好的方案就是两项，最多不要超过三项，否则你不能够达到尽快成交的目的。

【话术举例】

“您今天是想先看看再比较比较呢，还是想今天就付定金把车定下来？”

“您今天定下来的话，是付现金还是支票？还可以刷卡的。”

“这款车（款式、配置、颜色）卖得最好，现在只有一两辆，要是您今天带钱了，先付点定金，我可以帮您先留下来。”

“银行四点半关门，您要是付本票的话，最好赶在四点半之前，这样可以当天提车。”

“您是选自动挡还是手动挡？”

“车的颜色您是选银色还是金色？”

（4）诱导法

比如说公司现在搞促销活动，营销人员就可以向客户宣传：“现在购买本款车（活动从几月几日到几月几日，明确告诉活动期限），我公司赠送倒车雷达，数量有限哦！”“如果您现在买车，正好赶上后天的节假日，您可以带着家人一起出门游玩，多方便。再说了，您看，最近的天气不冷不热的，多好啊！”

（5）小恩小惠促进法

在公司规定允许和得到有效授权的情况下，可以给客户一点折让。比如说：

"如果您今天就做决定的话，我争取送您一副脚垫或增加免费保养的次数或售后服务价格优惠等。"

（6）利益总结法

当对客户的购车利益做出总结而客户已心动时促进成交。

（7）供应压力法

以该车型（颜色、数量等）供应紧缺的理由提示客户成交。

【话述举例】

"你昨天来我们展厅所看到的那辆黑色样车，今天已经给顾客提走了，现在该车型在仓库里只有7台，其中4台已经预定了。"

（8）赞美法

赞美法比较适合那些自诩为内行、专家，十分自负或情绪不佳的客户，让其从内心里接受你的赞扬，促其成交。其他的赞美词句还有：择日不如撞日，今天日子不错，有纪念意义，要想发不离"8"，等等。

五、成交阶段的风险防范

（1）成交过程中的风险防范

营销人员要积极地在客户的感情方面多做工作，一旦进入成交过程就不轻易动摇条件；营销人员要不卑不亢，说话短促有力，充满自信，不说没用的话，不使用模棱两可的语句，明确告知yes或no让客户自己作出决定。

（2）制作订单之前的风险防范

营销人员既然在成交阶段之前已经做了大量的工作，所以，此时要相信自己，相信客户是通情达理、真心诚意的，不要在营销条件上软下来。所有的变通都要在规定的条件框内决定。

（3）写订单阶段的风险防范

营销人员要多听少说，注意言多必失，一定要将承诺和条件互相确认。如对车辆的颜色、车辆的交货期、车辆的代号、车辆的价格确认等避免出现歧义。同时要确认车辆的购买人（单位），确认支付方法、支付银行、交易银行、银行账号等。

（4）签字盖章阶段的风险防范

这个阶段，营销人员要动作迅速，一切按规范处理，一定要确认资金和支付方式，按规定收取订金（注意订金差别），把订单（协议、合同）的一联交给客户，同时把注意事项在事前说清楚。成交之后，即指签订购车合同后，双方都会表现出高兴、得意的表情，但在这个阶段客户对洽谈的内容有时还会存有一些担心。所以不忘适时地美言客户几句，一定要给客户留下"确实买了一样好东西，物有所值”的印象。

作业：请演练如何和客户讨价还价。

任务3－3　应对刚进店的砍价、电话砍价、竞争对手报价

① 顾客询问价格 ≠ 顾客在进行价格商谈。

② 价格商谈的时机不对，往往是战败的最主要最直接的因素。

③ 应对顾客询问价格的策略：

争取时间，了解顾客的购车经历，顾客的决策行为类型。

为顾客留下空间和余地，建立顾客的舒适感。

细节给顾客的感觉：取得顾客的信任和好感（专业、热情、亲和力）。

关心顾客的需求——让顾客感觉到“我要帮你买到最合适你的车”，而不是“我要你买这款车，我要赚你的钱”。

一、刚进店的砍价

顾客第一次来店，刚进门不久，就开始询问底价。

“这车多少钱？”

“……”

“能便宜多少？”

【处理原理】

注意观察顾客询问的语气和神态，简单建立顾客的舒适区，禁忌立即进行价格商谈。

询问话语：您以前来过吧？（了解背景）

您以前在我们店或其他地方看过该车型没有？（了解背景）

您买车做什么用途？（刺探顾客的诚意）

您已经决定购买该车型了吗？（刺探顾客的诚意）

您为什么看中了这款车？（刺探顾客的诚意）

您打算什么时间买？（刺探顾客的诚意）

通过观察、询问后判断：

顾客是认真的吗？

顾客已经选定车型了吗？

顾客能现场签单付款吗？顾客带钱了吗？

如果顾客不是真正的价格商谈，则应先了解顾客的购车需求，然后推荐合适的车型请顾客决定。

“关键是您先选好车，价格方面保证让您满意。”

“选一部合适的车，对您是最重要的，要不然，得后悔好几年。”

“我们每款车都有一定的优惠，关键是您要根据您的用车要求，我帮您参谋选好车，然后给您一个理想的价格；要不然，谈了半天价，这款车并不适合您，那不是耽误您的功夫嘛。”

“这款车我就是给您再便宜，要是不适合您，那也没用啊！所以，我还是给您把几款车都介绍一下，结合您的要求，您看哪款比较适合，咱们再谈价格。您看好吗？”

“我做车好几年了，要不帮你做个参谋，根据您的要求推荐几款车？”

二、应对电话砍价

在电话中，我们无法判断顾客价格商谈的诚意。

电话中的价格商谈是“没有结果的爱情”，因为我们即使满足了顾客的要求，也无法在电话中收款签单。同样，如果我们一口拒绝了“爱情”（顾客的要求），就连“结婚”的机会都没有了。

【处理原则】

① 电话中不让价、不讨价还价；

② 不答应、也不拒绝顾客的要求；

③ 对新顾客，我们的目标是“见面”；对老顾客，我们的目标是“约过来展厅成交”或“上门成交”。

【处理技巧】

顾客方面可能的话述：

“价钱谈好了，我就过来，否则我不是白跑一趟！”

“你太贵了，人家才……你可以吧？可以我马上就过来。”

“你不相信我啊？只要你答应这个价格，我肯定过来。”

“你做不了主的话，去问一下你们经理，可以的话，我这两天就过来。”

【处理技巧】

营销顾问方面的话述应对：（新顾客）

价格方面包您满意。您总得来看看样车呀，实际感受一下。就像买鞋子，您总得试一下合不合脚呀！

“您车看好了，价格不是问题。那买车呢，除了价格，您还得看看购车服务和以后用车时的售后服务，所以呀，我想邀请您先来我们公司参观一下我们的展厅、维修站，看看您满意不满意。

厂家要求我们都是统一报价，而且经常检查，查到我们让价的话要重罚的。所以，你要是有诚意的话，就到我们展厅来一趟，看看车，咱们见面都好谈。”

再要么您忙的话，反正我经常在外边跑，哪天顺便过去一下，给您送点（车型、购车环节）资料介绍一下。（刺探顾客的诚意）

“顾客是上帝呀，我哪能让您大老远跑过来！这样，我马上到您那去一趟，耽误几分钟，您地址在哪儿？”（刺探顾客的诚意）

【处理技巧】

营销顾问方面的话述应对：（老顾客）

“顾客是上帝呀，我哪能让您大老远跑过来！这样，我马上到您那去一趟，耽误几分钟。您地址在哪儿？”

（变被动为主动，刺探顾客的诚意）

“再要么今天您忙的话，反正我经常在外边跑，哪天我顺便过去一下，耽误您几分钟，给您送点（车型、购车环节）资料，再聊一下。”（变被动为主动，刺探顾客的诚意）

“别人的价格是怎么算的？车价只是其中的一个部分呀，这电话里也说不清楚，要不您过来我帮您仔细算算？”

“您这个价格，我实在是很为难；要么这样，您跟我们经理（老总）谈一下。您哪天方便，我给您约一下？”

“我去问经理肯定没戏，像这种价格，准被他骂的。我倒觉得，您如果是亲自跟他见面谈的话，以您这水平，没准能成呢，我再在旁边敲一下边鼓，应该问题不大。”

“关于车子的价格方面不是问题，我们是 XXX 品牌的上海地区一级总代理，也就是说我们的车子是直接从厂里进来的，所以只要你选好适合你的车型，我保证给你一个满意的价格。”

“生产车子的厂商在设备和技术力量上是全国属于领先的，我可以很自信地告诉你，如果在同质量的情况下，我们的价格是最低的；如果在同价格的情况下，我们的产品品质是最好的。”

“现在汽车的价格竞争已经非常市场化和透明化了，所以你自然不用担心这里面有暴利的可能。”

“我们是专业的 4S 店，在价格上面我们是非常市场化，公开和透明的，否则也不会有那么多的客户来买我们的车，买了车以后接下来你得到的是非常省心、放心的售后服务。同时包括了保险和索赔。”

三、应对竞争对手的报价

如果在谈论中客户提及竞争对手更佳的报价，一定要把这个报价询问得更加清楚。

预防顾客的误导。

寻找竞争对手报价的漏洞。

多使用装潢转化成现金的手段，转化率随即掌握，让客户产生实惠感

例如：

我比较过其他地方，你的价格比人家的要贵几百块钱。

“其他地方报的价格这么低，可是在他的展厅里是实现不了的，一定还包含了其他的附加条件。”

您在其他经销商了解的价格能拿到现车吗？现在我们不谈价格。他给您优惠的原因可能是库存车或者是试乘试驾车。假如您在这方面不要求的话。到时候我们可能会有最优惠的车给您。到时候我一定通知您。

他们承诺您能拿到现车吗？可能您要等待很久的时间。我有个客户原先就是在那里定车的，都已经好几个月了，都没有拿到车。而在我这里定车没多久就上牌了。这通常是某些经销商的一种策略，让您无限期等下去吧。

“我相信你到外面看过这个车，也知道这个价格。我也相信你说的话。但是X先生，有一点要提醒你的是，买一台车，你付出的价钱不光光只有车价，还有很多其他的组成部分。就拿我们的优惠来讲，可能我的车价比人家贵几百块，几百块钱对你来说就是少吃一顿饭的钱。但是我们有送给你价值5000元的服务金卡，而这些个性化的服务是其他人家没有办法比的，比如我们提供的上海地区免费的救援车服务，你如果遇到要拖车，打个电话给我们，我们的服务人员就会免费的给你提供这项服务，一次就可以给你省下300～500元，这样你的钱不是又回来了吗？不过外面少吃一顿饭，但这个钱却养活了一帮服务人员在给你解决后顾之忧，你认为不值得吗？”

四、学会迎合客户购买的心理策略

1. 顺势法

比如贴近最近电视上热播的一个广告，如达喀尔越野车拉力赛等，这是由于参赛车型已牢牢地吸引和抓住了客户的心理，我们可以顺势而为，这就是顺势营销。

2. 激将法

在某种场合下，通过利益关系、供需关系、人情关系等，激发客户付订金购

买，这也是迎合客户心理的策略营销。

3. 匮乏术

让客户感觉到这种车型很少，货源比较紧张，如果今天不订，则需要等上一段时间才会有，有一种机不可失、时不再来的感觉。在这种情况下客户怕一时失去而会下订单。这就叫作匮乏术。

4. 馈赠术

现在有很多汽车营销公司都在使用这一方法。买汽车附送礼品、赠送车辆保险、赠送汽车配件、汽车装潢、免费上牌、增加免费保养的次数等等。用这种方法来促销就是馈赠术。

5. 折扣法

折扣法是一种常用的方法，如今已有汽车营销公司把它沿用到维修服务上了，就是说你来维修以后，可以按照专营店的优惠办法积分，分数累积到一定值，你会得到多少的折扣或领取一定价值的礼品。

6. 展示法

通过参加各种大型有影响的汽车展示会来促进营销。也有的专营店把汽车展示摆到了企业、院校、住宅小区等热点场所，反响比较好。

作业：请写出至少三句应对电话砍价的话术。

【案例】

一套完美的实战话术

顾问：先生，您好。我是这里的营销顾问，我姓王，叫我小王就行了！请问我怎么称呼您呢？

客户：哦，小王，你这款 2.5 凯美瑞多少钱？（先判断是否习惯性地询价，看是不是购买信号）

顾问：王总，我们凯美瑞有很多型号，不知道您说的哪款？

（绝大多数营销顾问就开始报价了，然后就是无意义的讨价还价）

客户：你展车这款是什么型号！

顾问：我们凯美瑞 2.5 有四款，豪华、豪华导航、至尊导航、旗舰，王总您真有眼光，这款是我们卖得最好的豪华版。对了，王总您是第一次到我们展厅吗？

客户：是的，你这款展车有什么配置嘛？（看见没有，当如果是习惯性问价时，你只要多提点问题就会把他引开的）

顾问：看得出来，王总对性能很关心，一般看一款车主要从外观、动力、安全、舒适、超值性这五个方面看。您所说的配置主要是对舒适还是安全方面或者

是两方面都有呢?(认同技巧加结构性的说话，这才是真正顾问式营销)

客户：全方位的吧!

顾问：那我先说舒适方面的吧!对了问一下王总您是第一次买车还是换购啊?(提问是优秀营销顾问的法宝)

客户：第一次!

顾问：没关系!绝大多数客户都是第一次购车，所以就更要仔细了解一款车了!(认同技巧)对了，王总您买车主要在市区开呢还是也要兼顾到高速公路开呢，或者说哪个方面你最经常开?(背景问题)

客户：我可能经常要跑高速!

顾问：是的，这样的高频率用车，一定要讲究舒适性，特别是在高速开车容易疲劳。

那王总一定是那种公务非常繁忙!看得出来是绝对的商务精英!王总，你以后开车除了您一人以外，肯定少不了家人也要经常乘坐吧?(认同技巧和叙述加提问技巧躲开客户的异议)(背景问题)

客户：那是肯定的!

顾问：对呀，那就更要注重舒适性的配置了。其实每款车的基本配置都差不多，但不同的车有不同的配置，而且就是那些基本的配置质量和功能也都有不一样。对于您这种商务精英客户，凯美瑞开发了很多适合你们的一些配置。不知道王总对汽车音响有什么特别要求?

客户：音响那肯定要好罗!

顾问：是的，音响不好对自己开车的心情影响很大，对吧?

客户：是的。

顾问：凯美瑞有款配置了能够在开车时使您的心情愉悦的“先锋音响。”

客户：(利益陈述法)先锋?

顾问：是的，这是广汽丰田专门对你们这种商务客户特别配置的超豪华音响。先锋音响是全球最著名音响之一，起源于1938年的先锋(Pioneer)是扬声器领域的先驱和开拓者不过音响这东西只有听才会有感觉的。不知道王总平时喜欢听点轻音乐呢还是爵士乐呢?(典型的主动引导技巧)

客户：什么都可以!

顾问：那我今天为您准备了一张著名乐曲，都是轻音乐的!我们来欣赏一下吧!来王总您坐驾驶室，我坐您旁边。(坐进去以后)王总举个简单的例子，你觉得电影院效果好呢，还是家里面的音响效果好?

客户：(典型的设陷阱法)那当然是电影院罗!

顾问：我平时也爱看电影，特别是大片必定到电影院看绝对是这样的，我也爱看电影。凯美瑞的先锋音响就可以完全满足您这个需要。下面我们来听听？

客户：好……

顾问：王总在听之前我必须告诉您这张音乐碟里有表现高音和低音的部分，等会听的时候我会提醒您，您注意听一下它的音质，好吗？（典型引导，把客户的胃口吊到极致）

客户：好……

顾问：怎么样？

客户：嗯，不错，有点赶上宝马的音响了。

顾问：王总这个高音部分体现得很完美吧！（体验后询问满意度）

客户：哦？

顾问：王总您听过宝马的音响，那您一定知道宝马用的什么音响吧！（典型的老练，不会自己说出来BOSS）

客户：BOSS！

顾问：王总您真专业！BOSS音响也很不错！

客户：对了，你们这个音响和BOSS有什么区别？

顾问：嗨！王总您问的这个问题在我的客户中只有两个，您是第三个，这些人可都是音响发烧友啊！不瞒您说，BOSS确实很出名，而先锋的音响是世界顶级的，再好听的音乐，也要由扬声器传出来吧，音源处理再好，音响不好，也不能制造出超棒的音乐啊！您说呢，王总？

客户：是的。

顾问：对了王总，您刚才提到经常跑高速，我想有个配置你一定喜欢。（典型的引起客户的好奇）

客户：什么配置？

顾问：就是“自动定速巡航”。

客户：这个我知道！

顾问：问王总一个问题：比如您在经过了一天的劳累后，在高速上开车一直踩着油门，你一定觉得右脚又酸又累吧？

客户：（难点问题）对！不过有定速巡航呀。

顾问：您说得真对，不过您知道它的工作原理吗？

客户：这个不知道，不过我也不用知道。

顾问：是的，但我觉得知道这个原理对您有好处的，它是这样帮您解决问题的，按您当时设定的时速，通过电脑控制对油量的供应来控制车速，这样就可以使您的右脚轻松的解放出来，这时您再听着凯美瑞的先锋音响，那真是觉得一切尽在您掌握呀！（经典的FAB产品介绍法）

客户：嗯，小伙子，你的口才不错嘛！

顾问：过奖了，在王总面前我哪敢班门弄斧呀！对了，凯美瑞还有一款您意想不到的空调配置，和一般的空调不一样哦？

客户：怎么不一样啦？

顾问：王总没您刚才提到你开车时经常家人也要一起乘坐，对吧？

客户：对呀！

顾问：那就是了，炎热的夏天，当您和家人在车内使用空调的时候，如果老人和您使用空调的温度不一样，这样是不是很麻烦呢？

客户：（难点问题）有点！

顾问：那这种麻烦对您有什么影响？

客户：那没办法，最后我就只有照顾到家人咯！

顾问：那是不是您最好照顾到所有人的需要，对您来说就非常的重要啦？

客户：（需求一效益问题）对对！有这样的空调吗？

顾问：当然，这是凯美瑞专门为你们这种客户设计的，这种空调叫自动恒温双区空调，他能够根据不同的人对温度的需要设定不同的温度，从而使您车内驾驶室和乘坐室的温度不一样，这样就能很好地照顾到您和您家人不同的需要了，你觉得这样的配置对您不是一举两得吗？（又一次经典的FAB介绍法）

客户：这款凯美瑞多少钱？（这有可能是购买信号了）

顾问：这样我们先去试驾一下，回头我们再谈个好价钱！怎么样？

客户：好吧！

顾问：王总，你看这是我们为您准备的试驾路线，它有平路，上坡，还有急转弯，这些路线完全能够满足您试驾的感觉！整个流程分为试乘和试驾，你先试乘，然后再试驾，好吗……（试驾完后）王总，您看这次试驾您还满意吗？

客户：可以！

顾问：那您看您对产品还满意吗？

客户：不错！凯美瑞的配置和舒适性都不错！

顾问：那您看您对产品要是没有异议的话，我们看一下合同吧，对了，您喜欢白色还是黑色！（典型的尝试签约法）

客户：我看比较喜欢白色，因为我夫人可能也要开，白色比较中性！

顾问：对，白色的确能兼顾到，那您是现金付款呢，还是分期付款呢？（认同技巧时时刻刻照顾到再加上典型的尝试签约法）

客户：现金！你们到底能优惠多少？（有点生气了！）

顾问：王总您别急，这些问题是都例行手续，完了以后我们会商量一个好价钱！您看怎样？（钻石级营销顾问的特征之一：临危不惧）

客户：这样，你还是给我说你们可以优惠多少吧！

顾问：其实这么好的车，配置和各方面都这么好的车，已经没有什么优惠了。那怎么可能呢？现在买车怎么不可能优惠呢，雅阁都优惠一万了。放心，王总，您今天绝对不会白来的，我小王肯定要做您的生意的，我看您也是要诚心买，刚好呢我们又在搞活动，今天是第 20 天了，前面已经有很多客户都是在这个活动里买的。这样我给您送套千元礼包（钻石级营销顾问的特征之二：自信）

客户：不行！

顾问：王总，您别生气，您觉得别处的营销人员有像我这样给您介绍产品和服务的吗？（钻石级营销顾问特征之三：脸皮厚）

客户：是没有，我觉得你的介绍我比较满意！

顾问：对了，您看您在别处人家营销顾问还没有我的服务好，优惠一万元，我的服务比他还好，凯美瑞的产品溢价高出雅阁两万元，我还送您千元礼包你不觉得我已经亏了吗？（钻石级营销顾问特征之四：示弱）

客户：那……这样你再送我套膜，我一定买！

顾问：如果是这样的话，就比较麻烦了。

客户：为什么？

顾问：因为……哎呀！我不好说！

客户：怎么不好说！

顾问：我这样的话会被营销经理骂的。

客户：为什么？

顾问：因为经理规定了，如果超过礼包的优惠必须问客户三个问题。（三问成交法）

客户：什么问题？

顾问：王总您今天带钱了吗？

客户：带了，银行卡。

王总您今天就买吗？

客户：嗯，如果再送膜。可以的。

王总您买车就您一个人决定了吗，不需要其他人了吗，比如您夫人？

客户：不用了，她有得车开就行了！

顾问：那好，我们签掉这份合同。

客户：为什么？

顾问：我好拿进去帮您申请呀！

客户：那好，签吧。

顾问：谢谢！那我拿进去帮您申请，应该可以的，您等等，先喝杯茶吧！

（钻石级营销顾问特征之五：微笑着“戏弄”客户，而客户还乖乖地投降）

（进去转转，出来后），王总，恭喜您，您终于如愿以偿了！（您终于可以驾着您心爱的凯美瑞回家了）

客户：是吗？

顾问：我们去办手续吧！

客户：好……（搞定）

还有种情况：客户不签合同。

顾问：那好，我们签掉这份合同吧！

客户：不签，你的价格还没谈好呢！

顾问：那……这样，我尽量帮您去试试，唉，我这次又要挨骂了！（进去转转）（出来后）恭喜您！王总，我终于帮您申请到这个价格了，签合同吧！

客户：啊……好吧！（搞定）

还有种情况，出来后还是不签。

客户：那……我要考虑一下。

顾问：啊，王总您不是说您今天就决定买了吗？

客户：不是不是，我还要和我老婆商量一下啊。

你不是一个人可以决定吗？

客户：啊？

顾问：您看我冒着挨骂的风险，好不容易帮您申请到这个价格，你太不为我们这些小员工考虑了！

客户：不是不是……小伙子你别误会。

顾问：不是误会，我也是真心实意地帮您成全这个价格，您看您就没有诚意了！

客户：那……好好，我买了，小伙子这还不行吗？

顾问：行，但您一定要真心诚意的，您看我一直帮您忙前忙后，这种服务您到别家根本没有。

客户：是的，是的，你们服务我很满意！

顾问：那行，等会我们签合同吧！

客户：好好好！

如果顾客真是一定坚持不签合同，百般找借口的话，那就这样说：

顾问：王总，您今天要真的不买，也行，但您一定要接受我一个道歉，行吗？

客户：为什么你要道歉呀？

顾问：唉！我太失败了，今天我们都谈得这么好了，您还是不买，那肯定是我刚才产品介绍没有打动您，你可能对产品还是没有喜欢！或者是我给您服务的过程有什么差错，让您觉得不舒服了，对不起，是我的责任，但您能说说为什么吗？

客户：谢谢了，不是，你的介绍我很满意，你的服务我也很满意。

顾问：那我就不解了，为什么呢？

客户：嗯，嗯……主要是价格，我觉得价格还能不能少呀？（他很小声说）

顾问：不行，绝对不行，就这样我都被老板骂了，还要扣奖金的，您都知道我们卖车的工资少得可怜，每个月就指望那点奖金了，您这一少，您不要紧，但我这月工资和奖金又被扣了，王总，您忍心吗？

客户：你们工资高得很，我知道。

顾问：对呀，不降价卖工资就高呀，您说得一点都不错呀，但只要降价卖就扣，而且扣得非常凶，刚才我已经帮您申请到全车膜，您还要降，我们卖车也太难了。

客户：真的吗？那好，看在你这么有诚意，服务又好，我买！

如果这个客户很拽，还是不买，就这样说。

顾问：行，王总，这可是最后一次申请了，最多500好吧。

客户：谢谢你咯，小伙子。

顾问：但有个条件必须得答应我，否则我真的帮不了您这个忙。

客户：什么条件？

顾问：保险和装潢必须在我们公司做，行吗？这个条件不苛刻吧！

客户：行！

顾问：那您等着，我尽量试试（出来后）王总，我还是要恭喜您，虽然我的工资扣惨了！

客户：把你们经理叫来，我给他说，不能扣你的工资！

顾问：算了算了，你现在去说，回去后还不是要扣的，您就赶快签合同吧，这些事我自己处理！您的好意我谢谢了！

客户：好，签吧！

顾问：王总，那谢谢了，但您可以再答应我一个条件好吗？

客户：什么条件？

顾问：您看我们的难处您也知道了，这个价格你自己享受到就行了，你千万不要给别人讲这个价格，否则我真的拿不到钱了，帮我一个忙好吧？

客户：这个行！

顾问：那太感谢了，我们签合同吧！

客户：好！

其实这段话术还可以继续下去，因为凯美瑞的卖点有很多，完全可以一一这样进行下去。你们可以看看那些问题用到了背景问题，哪些用到难点问题，哪些用到暗示问题和需求一效益问题。如果都这样下去，你们说凯美瑞不好卖吗？可能你们看到这样的介绍后，你们都心动了！为什么？这就是营销功底的作用。

表 3-3 汽车营销策略教案二

标题：任务 3-4　交车	
教学目标： 通过教学使学生掌握交车的技巧和方法。	
教学重点及难点： 重点：①交车时客户的希望和担心；②交车的流程；③交车前的准备；④车辆与相关文件的交接和确认。 难点：①交车前的准备	
教　学　内　容　（教 学 时 数：4）	
内容： （1）交车时客户的希望和担心； （2）交车的流程； （3）交车前的准备； （4）车辆与相关文件的交接和确认 该任务为向学生介绍交车的有关知识，采用“讨论＋讲授”多种教学方法，使学生能了解客户交车时的希望和担心，熟悉交车流程，掌握交车前的准备工作内容，熟悉车辆相关文件的交接和确认的知识和注意事项。	备注：
作业、讨论题、思考题： 请简述交车流程。	

任务3-4　交车

营销流程的交车步骤是客户最兴奋的时刻。若客户有了愉快的交车体验之后，那么就为长期合作关系奠定了积极的基础。

在这一步骤中，按约定的日期和时间交付给客户所预订的洁净、无缺陷的车是营销人员的基本工作要求，这也将会提高客户满意度并强化他对专营店的信任感。

交车的服务就是与客户建立紧密的朋友关系，准备进入到新一轮客户开发的过程。营销人员树立这个观点非常重要。

一、交车时客户的希望和担心

（1）希望

希望在约定的时间内能够顺利地提到车；

希望所提到的新车内外是干干净净的；

希望营销人员能够在交车时对所购买的车辆做一个使用方面的详细介绍；

希望了解新车的使用方法及其注意事项；

希望了解新车的保养知识；

希望了解营销人员能够协助或直接帮助办理新车的车辆管理登记和上牌手续；

希望能有个良好的交车环境；

希望能够高高兴兴的前来提车，圆圆满满地把车开走等。

（2）担心

担心不能按时提到车；

担心新车被弄得乱七八糟、脏兮兮；

担心营销人员在交车时不认真、马马虎虎、敷衍了事；

担心汽车营销公司没有把好车辆检查关（带病交车）；

担心自己不懂汽车技术而被骗；

担心所提车的车辆存在着质量问题；

担心营销人员没有履行营销前的承诺；

担心车辆提走以后，就再也没有人来关心了等。

二、交车的流程

汽车不同于一般的普通商品，在把汽车交到客户手里之前，必须要经过汽车营销公司规范的“PDI”检查（新车交车前的检查），在确认交给客户的车辆各方面都无误之后才可以通知客户提车。

PDI 检测是一项售前检测证明，是新车在交车前必须通过的检查。因为新车从生产厂到达经销商处经历了上千公里的运输路途和长时间的停放，为了向顾客保证新车的安全性和原厂性能，PDI 检查必不可少。越是高档车辆，其电子自动化程度越高，PDI 项目的检查也就越多。例如，未做 PDI 的新车，会始终在运输模式运行。这种模式只能简单行驶，很多系统没有被激活。强行使用会导致功能不全，甚至会严重损害车辆，给车辆及驾驶员的安全造成极大的危害。正常情况下，各种车辆在使用过程中都要进行正规的维护保养。PDI 检查项目范围很广，其中一些细微的检查也许车主连想都没有想过，如电池是否充放电正常、钥匙记忆功能是否匹配、舒适系统是否激活、仪表灯光功能是否设置到原厂要求等。技术人员所做的一切，为的是向顾客确保车辆的安全性和驾驶的舒适性。

既然要做“PDI”就需要时间，在正常情况下，一般需要三四个小时才可以完成，同时还会涉及若干个部门。

规范的交车流程是非常重要的。规范交车流程和交车过程中的部门配合环节及其职能是十分必要的。

职能部门：营销部、库管、售后服务部、财务部。

向客户交车的正确步骤是：

① 待交车辆的准备；

② 检查、核实待交车辆；

③ 通知（约定）客户提车；

④ 车辆交接；

⑤ 文件交接；

⑥ 服务交接；

⑦ 合影留念，送走客户。

三、交车前的准备

在营销的每一个环节都要注意体现对客户关怀备至的服务，营销人员经过了前面那么多的营销环节，到了交车的阶段可以说是历尽千辛万苦。但我们做事要有始有终，不要虎头蛇尾，要让客户在将来回想起来没有任何的遗憾。

“在操作上，力求注意细节”就是这个道理，这对以后开展新的业务、争取客户的回头率是大有益处的。

(1) 交车注意事项

① 确定一个对客户而言可行且方便的交车日期与时间；

② 询问客户是否有足够的时间用于交车；

③ 确保车辆已经进行过“PDI”，可以按预定时间交车；

④ 如果有任何延误预定交车日期和时间的因素出现，应立即和客户联系表示道歉，同时说明延误的原因并重新确定交车时间；

⑤ 应事先准备好所有书面文件，以使交车过程更加顺利；

⑥ 车辆到达时应进行检查，确保其按订单规定装备，车况良好；

⑦ 在交车前一天与客户再次确认交车时间，提醒顾客。

⑧ 确保交车时服务部经理在场，以增加客户对售后服务的信任感。

⑨ 交车区域必须明亮、清新整洁，以便客户在好心情下提车。

(2) 交车前的文件准备

交车前要对涉及车辆的相关文件进行仔细全面的检查，确认无误后，装入文件袋，以便交给客户。

这些文件包括：商业单据（发票、合同等）；临时行车牌照；使用说明手册、保修手册、产品合格证等；完税说明、保险凭证等；名片（营销人员、服务部经理/服务代表）；交车确认表、“PDI”检查表等。

交车当天营销人员再根据“PDI”预检单对各检查项目进行确认。

(3) 车辆状况检查要点

车辆必须经过实际的操作，确认所有的功能都处于正常状态。

车辆清洁。包括清洗车身及车体内、外，然后再检查车子的内、外观，这样比较容易发现问题。但是要注意避免洗车时刮伤漆面。

车辆细节检查。看有无漆面划伤、剥落、凹痕、锈点、饰条；内、外观有无划伤或缝隙的大小和均匀度是否符合规定等。

每月由经办人人员整理“PDI”检查表，按新车汇总表的顺序归档，以备查验。“PDI”检查表至少应该保留三年期限。

预先将交车事项通知公司的相关人员，做好交车前的各项准备工作。

交车前要和客户确认是否要撕掉保护膜等。

交车前装配好约定的选用备件。安装选用配件，必须按照作业标准进行。

四、车辆与相关文件的交接和确认

(1) 交车环节

客户一到，营销人员安排客户先等候并给客户提供合适的接待，同时说明交车的程序。

如果客户没有充裕的时间，则寻求客户认同，告诉他必须参与的事项，包括：①客户必须确认的问题，如交车确认表；②保修条款；③服务站的相关信息；④检查主要的安全配备等，然后就可以进行简短的交车。

如果客户有充足的时间参与完成交车的全过程，则按以下步骤进行。①文件点交。向客户点交相关文件包括但不限于保险卡、产品合格证、保修手册、使用说明书；完税证明。②向客户说明各项文件的功能，请客户妥善保存，并出示交车确认表，请客户按移交项目逐项打勾确认。③告知车辆上牌登记的程序。④向客户详细解说各项费用及单据点交，包括但不限于发票、保险单据、上牌费、车船使用税、车辆购置税等。

费用要和商谈的内容相符合，如果有不符合的地方，要向客户说明原因。

（2）售后服务

营销人员要对“使用说明书及保修手册”的各项内容及使用方法做详细的说明，以免日后因误解产生不必要的麻烦。

说明项目。包括但不限于以下内容：①车辆各部分使用说明并演示基本项目；②免费服务电话或其他专线电话及救援服务电话；③紧急情况处理；④定期保养项目表；⑤交车时给客户提供该品牌全国服务一览表；⑥根据不同的品牌，对行驶 1000 千米或 3000 千米（或公司具体的规定）不同的免费保养内容予以说明。

有关服务保证内容的说明，营销人员要详细说明以下事项：

① 保修时间和保修里程数（两个之中只要出现一个就表示保修期已到）；②保修项目和非保修项目（如易磨损部件和维护材料等）；

③ 确定首次保养的日期并记入《保养客户管理卡》；

④ 详细介绍服务站及维修人员，以增加客户到公司维修保养的可能性；

⑤ 营业时间和地点的说明；

⑥ 服务进厂和作业流程说明；

⑦ 当面介绍服务经理和服务代表，并递交名片；

⑧ 服务经理向客户介绍日常为其服务的客服代表，并说明有任何解决不了的问题都可找经理协助解决。

（3）车辆操作

在规定的交车区域里将车提交给客户，演示各项功能的操作。座椅、方向盘的调整。方向盘锁住时，如何转动钥匙、启动引擎。后视镜调整和电动窗的操作。儿童安全锁的使用。如何开启空调及除雾装置。车内音响的使用（含频道设置），手把手地操作给客户看。灯光、仪表、电子钟的使用介绍。特殊配置的功能介绍（如 e 化功能、GPS 功能等）。演示其他任何客户可能不熟悉的事项。

（4）车辆检验/认可

要请客户共同检验车况，检验分为以下几个方面：

① 车内部分。包括座椅、地毯等是否干净整洁。

② 车辆外部。包括车辆外部是否干净整洁，灯、保险杠、门把等有没有损坏，漆面是否有划痕等。

③ 附件部分。原厂带的附件、营销人员答应赠送的物品和客户要求的配置是否齐全。尤其要向客户确认有些需自行购买的附属品是爱车应当配置的，如千斤顶、工具包、三脚架（故障警示架）等。

最后由营销人员、营销经理和服务经理共同签署交车确认表。

（5）将友好关系推向高潮

经过前面几个步骤后，客户对你的信任度大大增强。为了与客户建立长期的合作关系，营销人员可以不失时机地继续做好以下工作。

向客户说明我 4S 店的后续跟踪服务程序和我店自身提供的增值服务项目。

确定客户对后续跟踪服务方式的选择，如联系电话、联系地址以及联系时间。同时把一周后向客户发“首保”通知的事宜事先征得客户同意。将以上信息一并做好记录。

在可能的范围内，更多地了解客户的信息，并记录下来，最后将一个完整的客户档案移交售后服务部。

询问客户在购买过程中对“我”的表现是否满意，并且要谦虚地说“如果不到之处，请多多原谅”。虽说是“致歉”，但是它是一种“以退为进”的心理策划，能让客户在得到满足感之余，趁势请客户帮你介绍新的客户策略。

衷心感谢客户的惠顾并拍照纪念。通过对客户表示“感谢”的特定活动，是这次的交车行为对客户来说具有难忘的特殊意义。

陪送客户直至路口，并进行适当的交通指导。

通过上述方法，你与客户的关系达到一个新的高度，推向了一个新的高潮，真正与客户建立起了长期的合作关系。客户自然帮你介绍你的产品，帮你向身边的朋友做宣传。这样就可能又带来一个新的客户。因此，让客户影响客户远比你开发一个新的客户要容易轻松得多。

作业：请简述交车流程。

项目三考核

本次考核项目三完成交易，分小组进行考核，五人一组，共四组。考核内容为价格商谈。考核方式为情境演练

情境为：

① 客户刚进店就砍价；

② 客户表明竞争对手的报价更低；

③ 客户一再要求降价；

④ 客户一再要求赠送精品。

要求各组分工进行介绍，各组提交一份价格谈判的书面材料。

评分标准

考核项目	考核内容	分值	得分	分项得分
（60 分）	对理论知识应用的熟练性	30		
	语言运用能力	20		
	营销顾问的随机应变能力	10		
（40 分）	资料整理情况	25		
	仪容仪态规范	5		
	营销顾问的谈吐，自信心	10		
总分		100		

项目四　撰写营销策划书和市场调研报告

汽车营销策划人员在充分调查、分析市场营销环境的基础上，做出有别于竞争对手的策划方案，出奇制胜，能够指导企业的汽车营销活动，为企业创名牌、创效益。

汽车市场调研能发现和提出企业营销的问题与需求，系统地、客观地识别、收集、分析和传播信息，从而提高营销决策的准确性并修正企业的营销活动偏差的过程。

本项目共有两个任务，具体见表 4－1 所列。。通过教学使学生掌握汽车营销策划书的撰写技巧、掌握市场调研方法和撰写调研报告的技巧。项目最后进行考核，考核方式为撰写策划书。

表 4－1　撰写各类文案

	项目四　撰写各类文案	内容
1	任务 4－1　如何写好汽车营销策划书	汽车营销含义与特征、基本原则和步骤、汽车营销策划书的内容与结构、撰写技巧
2	任务 4－2　如何写好汽车营销市场调研报告	市场调研概述、市场调研程序、撰写调研报告、设计调研技术
	项目二考核	撰写汽车营销策划书
合计		

任务4-1 如何写好汽车营销策划书

【导读案例】

自由女神的血肉之躯

美国曾进行过一次对“自由女神”像的大修，修复工程完成后产生了200吨的建筑垃圾。州政府想向海洋倾倒或平地深埋，又都认为不妥，或者费用较大或者污染环境。于是州政府刊登告示，愿意出50万美金悬赏能妥善处理此垃圾者，条件是不能有任何对环境的污染或危害。告示公布后被一位总觉得“怀才不遇”的市民看到，他的潜意识中认为自己真的机会来了。他揣着告示到现场转了一圈后，印证了自己原来的某种奇妙的组合、联想。于是他找到州政府，承诺按要求处理这些垃圾，并要来50万美元注册公司。之后他找到一家铸币公司，让这家公司将垃圾中的铜拉走，并铸成自由女神纪念币，拉走多少送回多少；将垃圾中的铅，找公司制成尺子并在背面刻自由女神像；将垃圾中的水泥块，找公司做成小自由女神纪念碑；木头制成自由女神雕像；最后剩下的渣土，请一家公司拉走，分装在制作精美的塑料盒内，扎上彩带，盒上印上金字“自由女神的血肉之躯”。然后，公司就在自由女神像附近销售这些纪念品。不出三个月，所有纪念品销售一空。

这位策划者扣除成本净赚200多万美元。正是这种独到的眼光，使他终于跻身于百万富翁的行列。

一、汽车营销策划含义与特征

汽车市场营销策划有广义和狭义之分。广义的汽车营销策划即汽车市场营销规划，是指策划人员根据汽车企业现有的资源状况，在充分调查、分析市场营销环境的基础上，激发创意，为整个汽车企业制定出一套营销战略、策略规划，并组织实施的全部过程。

汽车营销策划本质：经过对竞争对手营销策划的分析，做出有别于竞争对手的方案，出奇制胜，进而指导企业的汽车营销活动，为企业创名牌、创效益。

汽车营销策划的特征：

① 汽车策划的本质是一种思维智慧的结晶；

② 汽车策划必须有明确的主题目标；

③ 汽车策划必须有前瞻性、预测性；

④ 汽车策划具有一定的不确定性、风险性；

⑤ 汽车策划具有一定的科学性；

⑥ 汽车策划必须有崭新的创意。

二、汽车营销策划的基本原则和基本步骤

基本原则：创新原则；整体原则；信息原则；时机原则；经济性原则；借势原则

慎重性原则；可行原则。

基本步骤：

① 了解现状，界定问题；

② 分析情况，产生创意；

③ 制定目标；

④ 选择营销对策；

⑤ 明确行动方案；

⑥ 预测效益；

⑦ 设计控制和应急措施；

⑧ 撰写汽车市场营销策划书。

三、汽车营销策划书的要素与原则

1. 汽车营销策划书的要素

what（什么）——汽车企业营销策划目的、内容。

who（谁）——汽车企业营销策划人员。

where（何处）——汽车企业营销策划实施场所。

when（何时）——营销策划日程。

why（为什么）——营销策划原因。

how（怎样）——营销策划手段。

how（多少）——营销策划预算。

effect（效果）——预测营销策划效果。

2. 编制汽车营销策划书的原则

① 逻辑思维原则；

② 简洁朴实原则；

③ 可操作原则；

④ 创意新颖原则。

四、汽车营销策划书的内容与结构

1. 汽车营销策划方案的内容

汽车营销策划方案的内容及编制流程见下图：

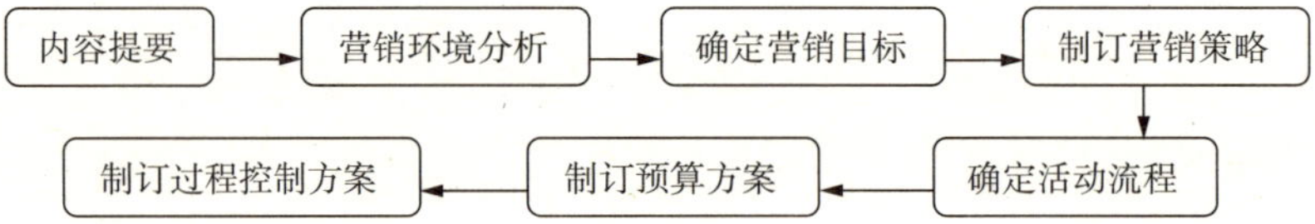

（1）内容提要

解释营销策划方案的主要内容，对营销目标、营销策略作简要叙述，使企业高层主管很快掌握营销策划方案的核心内容。

（2）营销环境分析

分析该产品目前所处的营销环境状况，明确产品面向的细分市场情况、产品的营销情况、竞争对手的数量、竞争优势、劣势及分销渠道情况，列出本产品的优势、劣势、机会和威胁。在制订营销计划时，要充分利用外界机会环境，避免外界威胁环境，充分发挥产品的优势，改进产品劣势，使营销计划最大限度地完成营销目标。

（3）确定营销目标

营销目标：本计划期内要达到的目标。

常见营销目标：市场占有率、营销额、利润率及投资收益率等。

（4）制订营销策略

营销策略：指达到上述营销目标的途径或手段。

常见营销策略：目标市场选择策略、市场定位策略及营销组合策略等。

（5）确定活动流程

即确定本次营销活动开展的形式、活动时间、活动地点、活动负责人。

（6）制订预算方案

任何营销活动的开展都要以预算为支撑，在拟定营销活动大纲时，可根据活动程序编制预算方案并提请领导审批，在后期的计划执行过程中可依照预算方案进行资金控制。预算表常用格式见表 4－2 所列。

表 4-2　预算方案

项目	金额（万元）	项目	金额（万元）
市场调查费		硬件建设费	
宣传费		机动费	
促销活动费		其他	
公关费用		合计	

（7）制订过程控制方案

过程控制方案是营销计划的最后一项内容，也是不可缺少的内容。其可对计划执行过程中的目标实现和经费支出进行监督检查，并且对突发事件进行预备方案处理。

2. 汽车营销策划书的结构

① 封面
② 前言或序
③ 目录
④ 概要
⑤ 界定问题
⑥ 环境分析
⑦ 机会分析
⑧ 营销目标
⑨ 战略及行动方案
⑩ 财务分析
⑪ 行动方案控制
⑫ 附录
⑬ 结束语

五、汽车营销策划书的撰写技巧

① 合理使用理论依据；
② 适当举例说明；
③ 利用数字说明问题；
④ 运用图表，使内容视觉化；
⑤ 突出重点，切勿面面俱到；
⑥ 准备若干方案，未雨绸缪；
⑦ 合理设计版面；
⑧ 注意细节，消灭差错。

【作业】

1. 请写出汽车营销策划内容编制流程。
2. 针对小组选定车型，写出汽车营销策划大纲。

任务 4-2 如何写好汽车营销市场调研报告

【导读案例】

丰田进军美国

1958年，丰田车首次进入美国市场，年销量仅为288辆。丰田进入美国的第一种试验型客车，是一场灾难，这种车存在着严重的缺陷：引擎的轰鸣声载重卡车，车内装饰粗糙又不舒服，车灯太暗不符合标准，块状的外形极为难看。并且该车与其竞争对手“大众牌甲壳虫”车1600美元的价格相比，它的2300美元的定价吸引不了顾客。结果，只有5位代理商愿意经销其产品，而且在第一个营销年度只售出288辆。1960年，美国汽车中心底特律推出了新型小汽车Falcom、Valiant、Corvair与“甲壳虫”竞争，尽管丰田公司并非底特律的竞争对手，但由于美国方面停止进口汽车，迫使丰田公司进行紧缩。

面对困境，丰田公司不得不重新考虑怎样才能成功地打进美国市场。他们制定了一系列的营销战略。其中最重要的一步就是进行大规模的市场调研工作，以把握美国的市场机会。

调研工作在两条战线上展开：①丰田公司对美国的代理商及顾客需要什么，以及他们无法得到的是什么等问题进行彻底的研究；②研究外国汽车制造商在美国的业务活动，以便找到缺口，从而制定出更好的营销和服务战略。

丰田公司通过多种渠道来搜集信息。除了日本政府提供信息外，丰田公司还利用商社、外国人及本公司职员来收集信息。丰田公司委托一家美国的调研公司去访问“大众”汽车的拥有者，以了解顾客对“大众”车的不满之处。这家调研公司调查了美国轿车风格的特性、道路条件和顾客对物质生活用品的兴趣等几个方面。从调查中，丰田公司发现了美国市场由于需求趋势变化而出现的产销差距。

调查表明，美国人对汽车的观念已由地位象征变为交通工具。美国人喜欢有伸脚空间、易于驾驶和行驶平稳的美国汽车，但希望在购车、节能、耐用性和易保养等方面能使拥有一辆汽车所花的代价大大降低。丰田公司还发现顾客对日益严重的交通堵塞状况的反感，以及对便于停放和比较灵活的小型汽车的需求。

调查还表明，"大众甲壳车"的成功归因于它所建立的提供优良服务的机构。由于向购车者提供了可以信赖的维修服务，大众汽车公司得以消除顾客所存有的对买外国车花费大，而且一旦需要时却经常买不到零配件的忧虑。

据调查结果显示，丰田公司的工程师开发了一种新产品—皇冠牌（Coronn）汽车，一种小型、驾驶和维修更经济实惠的美国式汽车。

经过不懈努力，到1980年，丰田汽车在美国的营销量已达到58000辆，两倍于1975年的营销量，丰田汽车占美国所进口的汽车总额的25%。

一、市场调研概述

（1）市场调研的含义

市场调研是发现和提出企业营销的问题与需求，系统地、客观地识别、收集、分析和传播信息，从而提高营销决策的准确性并修正企业的营销活动偏差的过程。

（2）市场调研的作用

① 通过市场调研，了解顾客的需求，才能生产客户需要的产品，保证企业获得满意的利润。

② 市场是不断变化的，顾客的需求各不相同。通过市场调研，可以发现一些新的机会和需求，开发新的产品去满足需求。

③ 通过市场调研可以发现企业产品的不足及经营中的缺点，及时地加以纠正，修改企业的经营策略，使企业在竞争中保持清醒的头脑。

④ 通过市场调研还可以及时掌握企业竞争对手的动态。

⑤ 通过市场调研可以了解经济环境对企业发展的影响，了解国家的政策法规变化，预测未来市场可能发生的变化。

（3）市场调研的内容

① 企业营销环境调研；

② 市场供求现状和趋势调研；

③ 消费者购买行为调研；

④ 市场竞争状况调研；

⑤ 企业可控因素实施效果调研；

⑥ 其他专项调研。

（4）市场调研的类型

探索性调研：探索性调研是为了界定问题的性质以及更好地理解问题的环境而进行的小规模的调研活动。

描述性调研：处理的是总体的描述性特征，调研寻求对谁、什么、什么时候、哪里和怎样这样一些问题的回答。

因果性调研：是调查一个变量是否引起或决定另一个变量的研究，目的是识别变量间的因果关系。

因果性调研应当遵循的三点：

① 建立适当的因果次序或事件次序；

② 测量推测原因与结果间的相关性；

③ 确认表面上合理的其他解释或原因性因素是否存在。

二、市场调研的程序

（1）选定调研专题与调研目标

① 确定调研专题时，专题不能过于宽泛，而应明确、具体。

② 确定调研目标时，对调研问题定量化，以对调查结果审核与评估。

③ 调研项目的分类：

探索性调研
描述性调研
因果关系调研
预测性调研

（2）拟定调研计划

调查计划一般包括以下七个方面（5W2H）的内容：

制定调查目标（Why）；

拟定调查项目（What）；

确定调查对象（Who）；

确定调查地点（Where）；

安排调查时间（When）；

选择调查方法（How）；

编制调查预算（How much）。

（3）确定调研内容

① 市场需求：需求总量；需求构成及其变化趋势；产品的市场占有率。

② 市场环境：执政法律环境、经济环境、技术环境、文化环境、企业的中观环境和微观环境等。

③ 市场竞争：竞争对手的数目、经营规模、价格定位、流通渠道、市场占有率、未来发展趋势和经营商品的数量、品种、性能、质量、规格、包装、用途及其经营策略和经营手段等。

④ 购买者情况：现有购买者、潜在购买者数量；购买者构成与分布；购买

动机。

⑤ 产品：产品生命周期，品牌和包装，新产品上市反响情况，产品功能改进，产品组合是否合理等。

⑥ 价格：商品价格成本构成；价格变化趋势；价格变动对销量影响；价格变动影响因素；商品价格的需求弹性；替代品价格；竞争产品价格。

⑦ 分销：营销地区、营销网点的分布；潜在营销渠道；营销点服务品质；货铺调查；商品运输路线；商品库存；批发商分布。

⑧ 市场竞争：竞争者数量、经营规模、价格定位、流通渠道、市场占有率、发展趋势以及产品的属性。

⑨ 促销：广告促销、人员推销、营业推广等。

（4）调研资料的收集

① 收集现成资料（二手资料）；

② 收集原始资料（一手资料）。

（5）确定调研方法

① 访问法；

② 观察法；

③ 实验法。

注：问卷调查法适用于描述性调研；观察法和询问法适用于探索性调研；实验法适用于因果性调研。

三、分析资料与撰写调研报告

（1）整理分析资料：

整 理 → 分 类 → 列 表

（2）撰写调研报告

调研报告是对调研成果的总结和调研结论的说明。应满足以下几个基本要求：

①简明扼要，重点突出。调研报告中切忌罗列一大堆数据和高深的数学公式，而应主要阐述调研中的发现和结论。②对象明确，讲求实用。调研报告是给各级营销决策者看的，内容要实用，结论尽可能量化而明确，符合读者的理解水平。③说明调研结果的局限性和误差范围。

调研报告的主要内容：①调研的目的与方法及调研结果的分析。②得出的结论。③对策建议。④附件（有关的图表、附录等）。

四、设计调研技术

（1）问卷设计技术

① 问卷的结构；

② 问卷设计的主要步骤；

③ 问卷设计的注意事项。

（2）抽样调查技术

① 确定抽样对象；

② 选择样本大小；

③ 确定抽样方法。

随机抽样或非随机抽样。

五、模拟训练

（1）实训目的

通过对某饮料品牌市场调查与分析，明确营销策划的起点是市场调查策划，进一步掌握市场调查的程序与方法。

（2）实训内容

① 问卷调查；对超市饮料专柜营销人员的调查；直销中调查；消费者饮用后的跟踪调查。

② 调查每家超市营销的某饮料品牌的主要口味，价格水平、营销量及排序、消费特点等。

（3）实训组织

① 把学生分成若干小组，每组 5～6 人，每个小组要走访 10 家以上的商店或超市，每家商店或超市至少访问两名营业员，获取有效样本。

② 要求学生认真记录，有条件的还应录音、录像；

③ 访谈的记录、录音、录像以及获取的资料，供全班学生共享。

（4）实训考核

要求每个小组完成“某饮料品牌市场调查策划或调研方案”，每个小组推举 1 名代表在全班讨论、交流。教师对每一份报告予以批阅评分，对优秀者进行点评。

【作业】

1. 丰田公司在营销调研中，他们做了哪些准备工作？

2. 你认为本案例成功之处分别在什么地方？

项目四考核

请针对某款车制定一份完整的营销策划书（包括封面、摘要、前言、目录、正文和结束语，可以参考教材给出的模板）。

注意：所提交的营销策划书正文要包括以下内容：①营销环境分析；②机会分析；③营销目标；④营销战略和行动方案；⑤财务分析；⑥行动方案控制。

图书在版编目（CIP）数据

汽车营销策略/张杰主编．—合肥：合肥工业大学出版社，2018.8
ISBN 978-7-5650-4160-0

Ⅰ.①汽…　Ⅱ.①张…　Ⅲ.①汽车—营销—高等学校—教材　Ⅳ.①F766

中国版本图书馆 CIP 数据核字（2018）第 210017 号

汽车营销策略

张　杰　主编　　　　责任编辑　李娇娇

出　版	合肥工业大学出版社	版　次	2018 年 8 月第 1 版
地　址	合肥市屯溪路 193 号	印　次	2018 年 9 月第 1 次印刷
邮　编	230009	开　本	710 毫米×1010 毫米　1/16
电　话	艺术编辑部：0551-62903120	印　张	6.5
	市场营销部：0551-62903198	字　数	126 千字
网　址	www.hfutpress.com.cn	印　刷	合肥市广源印务有限公司
E-mail	hfutpress@163.com	发　行	全国新华书店

ISBN 978-7-5650-4160-0　　　　定价：29.00 元